Regina Hanemann

Schloss Mergentheim mit dem Deutschordensmuseum

ȷen

Herausgeber
Staatliche Schlösser und Gärten Baden-Württemberg
in Zusammenarbeit mit der Staatsanzeiger
für Baden-Württemberg GmbH

Bildnachweis

Landesbildstelle Baden, Karlsruhe (Foto: Steffen Hauswirth):
S. 5, 6, 7, 8 unten, 9, 10, 11 unten, 12 oben,
13 oben und Mitte, 14 oben, 16, 19, 20, 21, 22, 23,
24, 25, 26, 27, 28, 29, 31, 32, 34, 36, 38, 39, 40, 42,
43, 44, 45, 46, 47 oben, 48 oben, 49, 51 Mitte rechts
Luftbild Bytomski, Würzburg: S. 4
Deutschordensmuseum Bad Mergentheim: S. 12 unten,
15 unten, 17, 18, 33 unten, 50, 51 oben rechts und unten links
Roland Bauer, Braunsbach: S. 11 oben
Archiv der Kath. Kirchengemeinde, Bad Mergentheim:
Innenklappe vorn
Foto Marburg: S. 33 oben, 35
Universitätsbibliothek Würzburg: S. 30 oben
Landesbildstelle Württemberg, Stuttgart:
Umschlagklappe hinten (Mörikezeichnung),
S. 3, 8 oben, 13 unten, 14 unten, 15 oben und Mitte,
30 unten, 47 unten, 48 unten, 51 unten rechts

Die Deutsche Bibliothek – CIP-Einheitsaufnahme

Schloss Mergentheim mit dem Deutschordensmuseum /
Regina Hanemann. [Hrsg. von den Staatlichen Schlössern und
Gärten Baden-Württemberg. In Zusammenarbeit mit der
Staatsanzeiger für Baden-Württemberg GmbH.]
Schwetzingen: Schimper, 1999
(Führer Staatliche Schlösser und Gärten)
ISBN 3-87742-140-7

Umschlaggestaltung: Design und mehr..., Stuttgart
Gesamtherstellung: Druckhaus Diesbach, Weinheim

Schloss Mergentheim mit Deutschordensmuseum

Älteste Ansicht des Mergentheimer Schlosses, um 1650. Ausschnitt aus dem Hochaltarblatt von Hans Ulrich Büeler in der Kapuzinerkirche in Bad Mergentheim.

Die Baugeschichte

Wann die ersten Gebäude der Schloss- beziehungsweise Burganlage in Mergentheim entstanden, ist unbekannt. Es ist anzunehmen, dass erste feste Bauten an der hochwassersicheren Stelle bereits im 11. Jahrhundert errichtet wurden; 1058 wird „Mergintaim" erstmals urkundlich genannt.
Im 12. Jahrhundert wissen wir von einer Veste der Grafen von Lauda auf der Ostseite des Ortes, die an die Grafen von Hohenlohe vererbt und von diesen zur Wasserburg ausgebaut wurde.
Um 1190 richteten die Johanniter im alten Königshof eine Kommende ein. Im Jahre 1219 schenkten die drei Brüder Heinrich, Andreas und Friedrich von Hohenlohe nicht den bereits ansässigen Johannitern, sondern dem neugegründeten Deutschen Orden ihre Wasserburg am Rande der Siedlung und ihre Besitzungen rund um Mergentheim. Die Herren von Hohenlohe, eine sehr begüterte fränkische Adelsfamilie, waren nach der Teilnahme an einem Kreuzzug in den Deutschen Orden eingetreten – die Kommende entstand also ähnlich wie viele Ordensniederlassungen andernorts in Europa. Um weitere Zuwendungen, besonders aus dem Kreis des hohenlohischen Adels und der staufischen Ministerialität vermehrt, entwickelte sich das „Deutsche Haus zu Mergentheim" rasch zu einer der blühendsten Niederlassungen des Ordens in Südwestdeutschland, einer bevorzugten Residenz der Deutschmeister und vermutlich bereits 1240 und 1249 zum Tagungsort zweier Generalkapitel. Eine Gedenktafel am Hauptportalbau im Äußeren Schlosshof mit den Namen der berühmtesten Besucher

(unter anderem Kaiser Ludwig IV. „der Bayer", Kaiser Karl IV., König Ruprecht, Kaiser Karl VI.) lässt die Bedeutung der Kommende Mergentheim offensichtlich werden. Sie bewirtschaftete ihren umfangreichen, durch Zukäufe erweiterten Landbesitz und nutzte das weitgespannte Netz der Ordensniederlassungen und Handelsprivilegien, um sich als Erzeuger und Verkäufer am gewinnbringenden überregionalen Weinhandel zu beteiligen.

Schloss Mergentheim, Luftaufnahme von Südwesten, 1995. Vorne im Bild Westflügel mit Bläserturm, links gekrümmter Nordbau, daran anschließend Torbau und Schlosskirche; rechts der Südflügel, in dem sich im 2. Obergeschoss die „Neue Fürstenwohnung" befindet.

Um die Vorherrschaft in der aufstrebenden Marktsiedlung stritten die „Brüder vom Deutschen Haus" und die Johanniter, die „Brüder vom Spital".
Als Gegengewicht zu den Johannitern in der Seelsorge der Bevölkerung rief der Deutsche Orden die Dominikaner nach Mergentheim, die 1273 ihr Kloster errichteten und mit dem Bau der erst 1373 fertiggestellten Marienkirche begannen. Bereits 1355 überließen die Johanniter fast ihren gesamten Besitz innerhalb der Stadt dem Deutschen Orden gegen einen festgesetzten Kaufpreis, doch erst 1554 traten sie auch die Pfarrkirche, ihr Kommendenhaus und den großen Ökonomiehof sowie ihren landwirtschaftlichen Besitz ab. Die Kommende Mergentheim ist in dieser Hinsicht ein typisches Beispiel für die hochmittelalterliche Besitzmehrung des

Deutschen Ordens. Heinrich von Hohenlohe machte nach seiner reichen Mergentheimer Schenkung im Orden Karriere: Er wurde 1232 zum Deutschmeister, 1244 zum Hochmeister bestimmt.

Die Anlage der hohenloheschen Wasserburg auf dem Areal des heutigen Inneren Schlosses ist noch in der ringförmigen Anordnung der Gebäude und besonders im Grundriss der gekrümmten Mauern des Nordflügels erkennbar. Der innere wie auch der äußere Schlossbereich gehen in ihrer Umfassung ebenfalls sicher auf das Mittelalter zurück. Wann genau die Anlage umwehrt und mit Wassergräben umgeben wurde, ist bisher nicht nachweisbar. Zeugen der frühen Baugeschichte sind die Gewände der mittelalterlichen Fenster und Türen im Inneren Schlosshof, die in den vor allem am Westflügel freigelegten und bei der Renovierung im Putz ausgesparten Mauerpartien zu sehen sind. Dass damals das Rund des Inneren Schlosshofes noch nicht vollständig geschlossen war, beweisen unter anderem

Innerer Schlosshof, Westflügel mit Bläserturm; im Putz ausgespart Spuren früherer Bauzustände wie mittelalterliche Tür- und Fenstergewände.

die prächtigen Fensterarkaden aus der Mitte des 13. Jahrhunderts, die in den 1930er Jahren aufgefunden und jüngst vollständig freigelegt wurden. Die staufische Quadermalerei sowie der aufwendige Bauschmuck mit Kapitellen und Säulen der ehemaligen Außenwand im ersten Obergeschoss zeugen von einer repräsentativen Gestaltung der Kommende bereits im Mittelalter.

Staufische Palasarkaden im ersten Obergeschoss, Mitte 13. Jh., ehemals die westliche Außenwand des Südflügels.

Die verbürgten Aufenthalte der Kaiser und die Fürstenzusammenkünfte, die hier im Schloss abgehalten wurden, belegen die Bedeutung der Mergentheimer Ordensniederlassung zu jener Zeit. Der weitere Ausbau der Burg erfolgte erst 300 Jahre später, als der Deutsche Orden durch die Umstrukturierung infolge der Reformation seinen Hauptsitz vorläufig nach Mergentheim verlegte. Erst als sich Ende des 16. Jahrhunderts abzeichnete, dass dieses Provisorium von längerer Dauer sein würde, begann man 1568 mit dem Umbau. In mehreren Bauphasen erfolgte bis 1607 die Zusammenfassung der einzelnen Bauten im Inneren Schlosshof zu einem geschlossenen Gebäudekranz. Zu den künstlerisch herausragenden Partien dieses Umbaus gehören zwei Wendeltreppen. Die bemerkenswerteste ist sicherlich die freitragende Spindel mit aufwendigem Renaissancerelief an der Unterseite, datiert 1574. Nach dem brandenburgisch-ansbachischen Baumeister Blasius Berwart, der auch am Stuttgarter (und im Herzogtum Preußen am Königsberger) Schloss gearbeitet hatte, wird sie „Berwarttreppe" genannt. Der Blick nach oben zwischen die schlanken Säulen der Treppe auf eine strahlende Sonne gehört zu den bleibenden Eindrücken der Schloss- und Museumsbesucher. Doch auch die südwestliche Wendeltreppe (1586) mit ihren schönen gotisierenden Netzgewölben hat daneben Bestand. In die Epoche der Renaissance blickt man im Schlossinneren auch im Foyerbereich des ersten Stocks, wo die

Löwenmaske in einer Rollwerkkartusche, Renaissancemalerei im Veranstaltungsbereich, erstes Obergeschoss.

Berwarttreppe: Blick nach oben in den „Großen Schnecken" von 1574.

Wandmalereien mit Rollwerkkartuschen und Löwenmaske noch ahnen lassen, wie prächtig das Schloss einst ausgemalt war. Die beiden Friese im 2. Obergeschoss (Museumsrundgang Abt. 5.1 - 5.5) mit den Reihen der Wappen der Hoch- und der Deutschmeister gehören ebenfalls in diese Zeit. Sie sind Relikte der Ausmalung des Renaissance-Kapitelsaals, der von 1606 bis 1780 in Gebrauch war. Nach dem Neubau des jetzigen Kapitelsaals wurde er durch Zwischenwände in Gästezimmer unterteilt.

An diesen Kern der Anlage schließt sich spätestens seit 1626 im Norden und Osten ein zweiter Kranz aus Verwaltungs- und Wirtschaftsgebäuden an, das Äußere Schloss. Hierzu gehört als Zugang von der Stadt der Hauptportalbau mit den zwei barocken Schilderhäuschen, der Brücke über den Wehrgraben, dem Torturm (1626/28 von Georg Ernst geplant) und imposanter Wappenkartusche (1780 von Johann Georg von der Auwera; seit 1809 verän-

Maskenkopf: Detail aus der Reliefunterseite der Berwarttreppe.

Gotisierende Südwestwendeltreppe, 1586.

dert mit dem württembergischen Wappen; 1998 durch eine Kopie ersetzt). Links, nach Norden anschließend, folgt das Kanzlei- und Archivgebäude (heute Vermessungsamt), 1568/71 von Michael Bronner errichtet, 1738/40 verlängert und 1794/99 im Inneren von Ferdinand Lipper und Adam Stahl umgestaltet. Der Volutengiebel und das Portalwappen des Hochmeisters Georg Hund von Wenckheim stammen aus der Erbauungszeit. Es folgen die Trapponei (heute Staatliches Veterinäramt), ein Verwaltungsbau des Ordens aus dem 18. Jahrhundert, einst Waffen- und Kleiderkammer; der Marstall (heute Amtsgericht), 1579 erbaut, jedoch 1878 und 1958 verändert; das Bandhaus (heute Polizeirevier), früher Kelterhaus, Küferei und Fruchtspeicher, das seinen Namen von den eisernen Fassreifen beziehungsweise -bändern hat; das Priesterseminar (heute Finanzamt), das vor dem Umbau 1710 durch den Ordensbaumeister Franz Keller bis 1606 als Edelknabenhaus diente; der Hintere Torturm, durch den man in Schloss- und Kurpark gelangt, wurde 1604 als Ersatz eines gotischen Turms erbaut; das sogenannte Flughaus (heute Hochbauamt und Wohnhaus) aus der Mitte des 17. Jahrhunderts, ehemals Quartier der Söldner und Zollreiter, später

Äußerer Schlosshof, Hauptportalbau von Osten; daneben Archivbau.

Sitz der Bauschreiberei. Von den nach Westen anschließenden Gebäuden, die zum Wirtschaftshof gehörten, sind Reithalle und Scheune (heute Café) und Orangerie erhalten. Die Neorenaissancegebäude der heutigen Kurklinik zitieren die Architekturformen

Äußerer Schlosshof, ehemaliges Priesterseminar, heute Finanzamt, Mitte 18. Jh.

des Inneren Schlosses; sie wurden 1914/15 als Kaserne errichtet.
Das Innere Torhaus neben der Schlosskirche ist bekrönt vom farbig gefassten Prunkwappen des Hochmeisters und Kurfürsten Maximilian von Österreich (reg. 1590-1618).
Von hier aus verwaltete der Deutsche Orden seine Ländereien und Güter, Häuser und Hospitäler sowie Patronatskirchen. Die häufige Abwesenheit der Hochmeister von der Residenz förderte deren Aus-

Wappen des Hochmeisters Maximilian von Österreich über dem Tor zum Inneren Schlosshof.

bau nicht gerade. Im Vergleich zum Ellinger Schloss etwa, dem Sitz des Landkomturs der Ballei Franken, nehmen sich in Mergentheim die baulichen Veränderungen des 18. Jahrhunderts eher bescheiden aus. Umbauten der Flügel des Inneren Schlosses gehören hierzu ebenso wie der Neubau der Schlosskirche und des Priesterseminars oder der Einbau der klassizistischen Haupttreppe im Hauptportalbau. Bemerkenswert ist in diesem Zusammenhang der Anbau der Sala terrena am Südflügel, eines leichten Rokoko-Gartenfesthauses. Die 1739 genehmigten Pläne stammten vom Münchner Hofbaumeister François Cuvilliés, der Mergentheimer Ordensbaumeister Franz Joseph Roth setzte sie etwas verän-

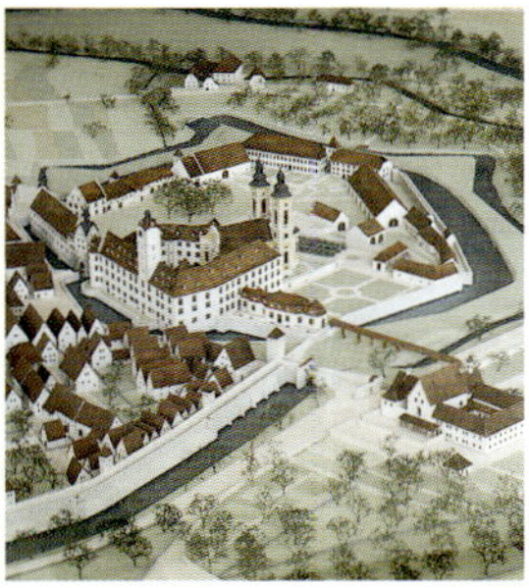

Schlossanlage, Zustand um 1750: Schloss mit Bläserturm und Schlosskirche, Verwaltungsbauten im Äußeren Schlosshof, Lusthaus Sala terrena, hölzerner Verbindungsgang vom Schloss zum Kapuzinerkloster. Detail des Stadtmodells

dert um. Hier spielte 1791 im kurkölnischen Orchester des Hochmeisters und Kurfürsten Maximilian Franz unter anderem auch der Bratschist Ludwig van Beethoven. Leider wurde das Lusthaus bereits nach rund 80 Jahren, 1823, wegen Baufälligkeit abgetragen. Nur einige Gartenfiguren von Johann Georg Auwera, die vor der Sala terrena aufgestellt waren, sind heute noch erhalten und im Deutschordensmuseum ausgestellt.

Mehr Eifer wurde auf die Innenausstattung des Inneren Schlosses verwandt. Davon zeugen die im Zuge der Schlosssanierung freigelegten Deckenmalereien aus dem frühen 18. Jahrhundert im „Götterzimmer" im ersten Obergeschoss.
Die Figuren der antiken Mythologie: Göttervater Jupiter, die Göttin der Jagd, Diana, und der Weingott Bacchus, sind umgeben von üppigem frühbarocken Deckenstuck. Mit Jagd beziehungsweise Wald und Weinbau wird auf wichtige Erwerbsquellen des Ordens verwiesen, doch kommt auch das ritterlich-kriegerische Element in Stuckmotiven wie den anti-

Schalmeiblasende Faunfigur aus dem barocken Schlosspark, heute im Foyer des Veranstaltungsbereichs.

kisierenden Rüstungen daneben zu seinem Recht. Die fein stuckierten Figuren in den Decken der Raumfolge des sogenannten „Alten Fürstenquartiers" im zweiten Obergeschoss zeigen mit dem Kriegsgott Mars, dem Götterboten Merkur und nochmals Diana die weltliche Seite des Ordens. Doch auch die geistliche Seite wird in den Stuckaturen der Räume der „Neuen Fürstenwohnung" im Südflügel sehr dezent, zum Beispiel in Variationen

Götterzimmer, Deckenbild mit Weingott Bacchus und Jagdgöttin Diana.

des Ordens- und Hochmeisterkreuzes, vorgeführt. Spielerische Details wie die vielen phantasievollen kleinen Drachenfiguren unterstreichen dort die bezaubernde Leichtigkeit des Rokoko.

Blick in den Speisesaal der „Alten Fürstenwohnung" mit Deckenstuck um 1720 (Abt. 61.).

Mit der letzten großen Baumaßnahme vor der Säkularisation wurde 1776 Franz Anton Bagnato, Ordensbaumeister der Ballei Elsass-Burgund betraut: dem Einbau des Kapitelsaals und einer Gästewohnung im Westflügel. Zur Ausstattung des Saales kamen als Stuckator Augustin Bossi, als Bildhauer Johann Georg Auwera aus Aub und 1784 als Deckenmaler der Wiener Maler Probst hinzu. Äußerlich wurde der Westtrakt durch ein einheitliches umlaufendes Abschlussgesims und neue Fenstergewände modernisiert, der Renaissancegiebel auf der Südseite abgerissen. Mit dem Einbau einer breiten Haupttreppe im Hauptportalturm durch Adam Stahl wurde 1799 ein schon im 18. Jahrhundert immer wieder angedachtes repräsentatives Treppenhaus geschaffen, nachdem die von Ferdinand Lipper projektierte zweiläufige Treppe wegen eines Planungsfehlers nicht ausgeführt werden konnte.

Der Abbruch der alten Schlosskirche wurde von Hochmeister Franz Ludwig von Pfalz-Neuburg ab 1730 in die Wege geleitet und unter seinem Nachfolger Hochmeister Clemens August von Bayern nach den Plänen von Franz Joseph Roth fortgeführt. Obschon mit Balthasar Neumann aus Würzburg und François Cuvilliés aus München zwei berühmte Baumeister hinzugezogen wurden, ist für beide kaum mehr verbürgt als die Abrechnung von Reisekosten und Spesen sowie einige Ausführungsvorschläge.

Klassizistisches Hauptstiegenhaus, um 1799.

Möglicherweise resultiert die sehr gelungene und elegant ausgedachte Schließung und Betonung der Rundung des Inneren Schlosshofes durch die konkave Fassade der Schlosskirche aus der Diskussion der hinzugezogenen kompetenten Ratgeber.

Fassade der Schlosskirche noch mit den später abgenommenen Figuren der Maria, Hl. Elisabeth und Hl. Georg, 1885.

Den Besuchern ist auf dem Weg durch die Schauräume des Museums von der Kirchenempore ein ungewohnter Blick von oben in das Kirchenschiff wie auch auf die Deckenfresken des Münchner Hof- und Theatermalers Nikolaus Gottfried Stuber möglich. Die eigentliche Aufgabe des Deutschen Ordens – die Verteidigung des Glaubens – wird den Betrachtern mit der Darstellung der „Verherrlichung des Kreuzes im Himmel und auf Erden" im Langhaus und der „Kreuzvision des Kaisers Konstantin" im Chorraum vor Augen geführt. Auf dem linken Seitenaltar, 1735 von Franz Joseph Roth entworfen, waren bis 1817 die Reliquien des heiligen Benignus aufgestellt, die Hochmeister Franz Ludwig in Rom angekauft hatte und deren Erwerb Anlass zum Kirchenneubau gewesen war. Das Hochaltarblatt „Salbung zu Bethanien", 1684 von Matthäus Zehnder, einem Mergentheimer Maler gefertigt, gehörte vor der Säkularisation in die Dominikanerkirche in Mergentheim. Das ursprüngliche Altarbild der Schlosskirche,

Schlosskirche, Innenansicht nach Osten.

mit der Darstellung der Geburt Mariens, der Hauptpatronin des Deutschen Ordens, wurde schon vor der Übernahme der Kirche durch die protestantische Gemeinde 1817 entfernt und befindet sich heute in der Pfarrkiche von Ertingen (Kreis Biberach). Im rechten Seitenaltar nach Entwurf von Roth ist Giovanni Battista Pittonis „Almosenspende der heiligen Elisabeth von Thüringen" zu sehen, im linken die „Kreuzabnahme Christi" von einem unbekannten Künstler. Die aufwendig geschnitzten Bilderrahmen fertigte der Mergentheimer Hofschreiner Johann Caspar Winkler, ebenso das Chorgestühl.

Schlosskirche: „Auge Gottes" über dem Hauptaltar; darüber Wappen des Hochmeisters Clemens August von Bayern.

Keine fürstliche Residenz ohne Schlosspark – in dieser Beziehung machte und macht auch Mergentheim keine Ausnahme. Bereits um 1600 war im

Brücke im Schlosspark

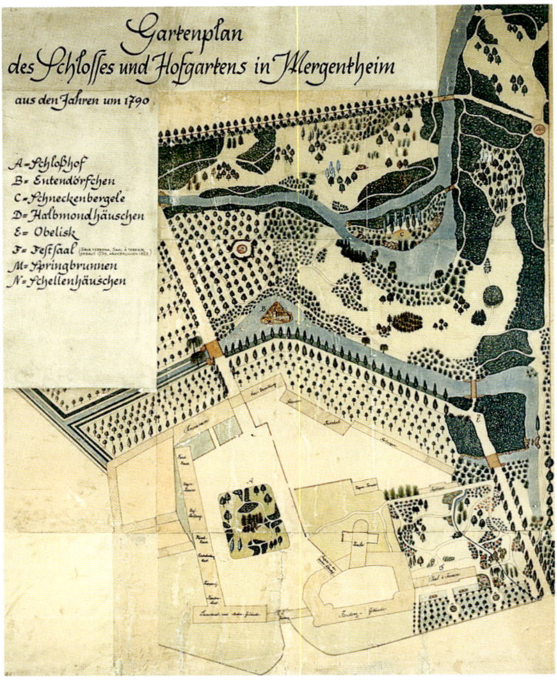

Plan von 1790 für den Schlosspark in Mergentheim, Kopie 20. Jh.

Osten und Süden des Schlosses, ermöglicht durch die Erweiterung der Schlossbefestigung, ein Hofgarten, der sogenannte „Neue Garten", angelegt worden. In der zweiten Hälfte des 18. Jahrhunderts wurde der Südteil mit Orangerie und Sala terrena als französisches Blumenparterre gestaltet und damit dem Zeitgeschmack angepasst. Noch um die Wende zum 19. Jahrhundert – die Ordensherrschaft neigte sich bereits ihrem Ende zu – entschloss sich Hochmeister Maximilian Franz von Österreich zu einer Umgestaltung des Schlossparks im englischen Stil und zur Anlage der Platanenallee im Äußeren Schlosshof, die in den Park führt. Zwei in diese Parklandschaft eingebaute Lusthäuschen, das „Halbmondhäusle" in orientalischer und das „Schellenhäusle" in chinesischer Manier, haben sich aus dieser Zeit erhalten. Die Rousseau-Insel, der See und die gewundenen Wege mit ihren überraschenden Blickachsen sind jüngst rekonstruiert worden.

„Schellenhäusle" im Schlosspark, gezeichnet von Eduard Mörike in seinem Haushaltungsbuch, das im Deutschordensmuseum ausgestellt ist, 1846.

Mit der Aufhebung des Deutschen Ordens in den Staaten des Rheinbundes durch Napoleon I. und der Einverleibung des bis dahin verbliebenen Ordensterritoriums in das Königreich Württemberg im Jahre 1809 erlosch der höfische Glanz der bisherigen Residenz der Hoch- und Deutschmeister in Mergentheim. Der Hochmeistersitz wurde nach Wien verlegt, der Orden lebte in der österreichischen Reichshälfte der Donaumonarchie zunächst quasi als katholischer zölibatärer Hausorden der Habsburger fort. In Mergentheim folgte der Niedergang der Schlossgebäude, deren Nutzung seit 1827 als Apanageschloss des häufig abwesenden Herzogs Paul von Württemberg (1797-1860), eines namhaften Weltreisenden, Naturforschers und Sammlers, lediglich Episode blieb. Einst war die völkerkundliche Sammlung des Herzogs sehr bekannt; interessierte Zeitgenossen wie der Dichter Eduard Mörike oder der Kulturforscher Wilhelm Heinrich Riehl besuchten sie mehrfach. Das wenige, was von dieser Sammlung übrigblieb, ist heute in Stuttgart, Berlin und London zu sehen. Die Tradition des Museums im Schloss besteht in Gestalt des Deutschordensmuseums jedoch bis heute fort. Während im Äußeren Schloss nach der Säkularisation 1809 verschiedene Verwaltungen und Behörden des Staates und des Oberamts beziehungsweise Landratsamts untergebracht worden waren (und zum Teil bis heute sind), diente das Innere Schloss zunächst als Kaserne, später diversen städtischen Einrichtungen wie zum Beispiel der Stadtbücherei als Domizil. Durchgehend fanden hier aber auch private Mieter eine zeitweilige Bleibe. Während des Dritten Reiches waren lokale NS-Parteidienststellen, in der unmittelbaren Nachkriegszeit „Displaced Persons", im Zweiten Weltkrieg nach Deutschland verschleppte Ausländer, im Schloss, später eine Kleiderfabrik, Schulzimmer und schließlich sogar eine Ballettschule.

Herzog Paul von Württemberg, Kreidezeichnung, 19. Jh.

Völkerkundliche Sammlung des Herzogs Paul von Württemberg im Mergentheimer Schloss, Zeichnung von Eduard Mörike im Haushaltungsbuch, 1846.

Das Deutschordensschloss, seit der Eingliederung der Stadt Mergentheim in den württembergischen Staatsverband 1809 in Landesbesitz, wird heute vom Staatlichen Vermögens- und Hochbauamt Heilbronn unterhalten und gepflegt. In den letzten 200 Jahren waren immer wieder Renovierungs- und Instandsetzungsarbeiten notwendig, so zum Beispiel 1931/32 ein Neuverputz der Fassaden des Inneren Schlosses, des Hauptportalbaus und des ehemaligen Archivgebäudes. Die einschneidendste Maßnahme war die umfassende Gebäudesanierung in den 1980er und 1990er Jahren, die das einstige Residenzschloss der Hoch- und Deutschmeister nun wieder in neuem Glanz erstrahlen lässt.

Ballettschule in den Schlossräumen

Schloss Mergentheim von Westen, vom Deutschordensplatz gesehen; links der Hauptportalbau, herausragend der Bläserturm.

Die Geschichte des Museums

Carl Joseph von Adelsheim, Karikatur des Schlossverwalters in Mergentheim, 19. Jh.

Die Zusammensetzung und Präsentation der heutigen Museumsbestände ist das Ergebnis einer langen Sammlungsgeschichte, die – wie bei so vielen europäischen Museen – ihren Ursprung einem geschichtsbewussten Privatmann verdankt. Im Frühjahr 1864 erbte die Kur- und Oberamtsstadt Mergentheim die reichhaltige „Altertumssammlung" des württembergischen Majors a.D. Carl Joseph von Adelsheim (1790-1864). Dieser hatte sich vor allem auf den Erwerb antiquarischer Bücher und Kunstgegenstände spezialisiert, die sein vor den Toren der Stadt gelegenes Haus füllten. Die „Carl-Joseph-von-Adelsheim'sche" beziehungsweise „Städtische Altertumssammlung" fand nun für 63 Jahre in einem Zimmer des Mergentheimer Rathauses ein öffentlich zugängliches Domizil. Vermögende Kurgäste und wohlhabende Bürger der Stadt überliessen dem Museum weitere Schätze, die Stadtverwaltung steuerte gelegentlich ausrangierte Gerätschaften aus dem kommunalen Fundus bei oder erwarb einschlägige Objekte im Antiquitätenhandel. Im Mai 1927 verlagerte man die erweiterte „Städtische Altertumssammlung" in fünf Räume im zweiten Obergeschoss des Mergentheimer Schlosses, in den Kapitelsaal (Abt. 6.13) und seine Nebenräume (Abt. 6.12 und 7.1-4).

1928 wurde mit Karl Fleck der erste ehrenamtliche Museumspfleger bestellt. 1930 konstituierte sich der Verein „Bezirksheimatmuseum e.V." als neuer Träger. Es wurden fortan „geschichtliche und naturkundliche Gegenstände" aus dem ganzen Oberamtsbezirk beziehungsweise Landkreis Mergent-

Bezirksheimatmuseum im Schloss, um 1935.

heim von vielen engagierten Mitgliedern gesammelt und präsentiert. Sonderausstellungen, Vorträge und Führungen im Museum sollten der „Pflege der Heimatkunde" und der „Belebung der Heimatliebe" dienen. Die „Städtische Altertumssammlung" wurde dem Bezirksheimatmuseum als Dauerleihgabe überlassen.

Der 100. Geburtstag des vorübergehend in Mergentheim lebenden Eduard Mörike (1804-1875) hatte bereits den Anstoß zu einer kleinen Sammlung von Objekten, Briefen und Schriften dieses schwäbischen Dichters gegeben. Dank breiter Öffentlichkeitsarbeit und bereitwilligen Entgegenkommens der Bevölkerung konnten bald über 400 neue, größtenteils volkskundliche Objekte den Museumsbeständen zugeführt werden. Einen weiteren Schwerpunkt bildeten Funde aus vor- und frühgeschichtlicher Zeit aus dem Oberamt beziehungsweise Landkreis. Karl Flecks Nachfolger seit 1937/38, Gewerbeschulrat Edwin Beyer (1877-1951), sorgte in Zusammenarbeit mit staatlichen Stellen für eine neue chronologische Aufstellung der erweiterten Schausammlung.

Nachdem das Bezirksheimatmuseum im Schloss in der Nachkriegszeit gelitten hatte, konnte es 1948 wieder in vollem Umfang der Öffentlichkeit präsentiert werden. Oberstudiendirektor a.D. Karl Heck (1888-1975) orientierte sich als Museumspfleger ab Ende 1950 zunächst an den überkommenen Sammlungsschwerpunkten. Doch rückte zunehmend die Glanzzeit Mergentheims als Residenz der Hoch- und Deutschmeister von 1527 bis 1809 und die allgemeine Geschichte des Deutschen Ordens in den

Mittelpunkt des Interesses. Das hatte seinen Grund nicht zuletzt wohl in einem neuen Bewusstsein für die ostmitteleuropäischen Ordensgebiete mit den einstigen Residenzen Marienburg und Königsberg als Folge des Verlustes der ehemaligen deutschen Reichsgebiete im Osten, jenseits von Oder und Neiße nach dem Zweiten Weltkrieg.
1961 wurde deshalb als Ergänzung im angrenzenden Südflügel ein „Deutschordensmuseum" eröffnet. Gezeigt wurden Schaukarten, Pläne, Reproduktionen von alten Abbildungen sowie Schlossmodelle. Im Juni 1973 wurde die Schausammlung unter dem

Museumseinrichtung des ersten „Deutschordensmuseums" in der „Neuen Fürstenwohnung", 1969.

Namen „Deutschordensmuseum", nun für das gesamte Museum, erneuert. Als Publikumsmagnet erwies sich fortan eine reiche Auswahl von Puppenstuben, -küchen und Kaufläden (von circa 1820-1920) aus der Sammlung von Johanna Kunz aus Stuttgart-Heumaden. Doch das Herzstück des Museums bildeten schon damals der Kapitelsaal und die Räume der Neuen Fürstenwohnung mit ihren prächtigen Stuckdecken, die mit höfischem Mobiliar und Hochmeisterporträts sowie Darstellungen zur Ordensgeschichte ausgestattet worden waren.

Seit 1991 wird das Deutschordensmuseum unter Beteiligung von vier Gesellschaftern, dem Land Baden-Württemberg, der Stadt Bad Mergentheim, dem Verein Deutschordensmuseum e.V. und dem Landkreis Main-Tauber, von einer gemeinnützigen GmbH betrieben. Durch die Sanierung des Inneren Schlosses, die das Land als Eigentümer mit insgesamt 23,7 Millionen Mark finanzierte, wurden 1989 bis 1996 die Voraussetzungen für die Erweiterung

des Deutschordensmuseums zu einem Museum mit überregionaler Ausstrahlung geschaffen, das seither von hauptamtlichen Fachkräften betreut wird.
Im Rahmen der Neugestaltung wurden im September 1994 die Puppenstuben-Sammlung, die Stadtgeschichtliche Abteilung sowie die „Carl-Joseph-von-Adelsheim'sche-Altertums-Sammlung" übergeben.
Im Mai 1996 folgte die Eröffnung des Rundgangs durch 800 Jahre Geschichte des Deutschen Ordens. Seither erstreckt sich das Museum über das gesamte Innere Schloss mit einer Ausstellungsfläche von 3.075 m^2.
Als Neuerung ist auch ein Veranstaltungsbereich mit dem Roten Saal und dem prächtigen Götterzimmer angegliedert, der für Konzerte genutzt und für private Veranstaltungen im festlichen Rahmen gemietet werden kann.

Der Rote Saal ist heute vielfältig genutzter Veranstaltungsbereich; bis in die 1960er Jahre befand sich hier eine Kleiderfabrik.

Sonderausstellungsbereich in der gewölbten Säulenhalle im Erdgeschoss.

Wohnzimmer einer Puppenstube mit roter Jugendstiltapete, um 1910.

Die Sammlungen

Abt. 1 Puppenstuben

Puppenküche mit blauweiß gewürfelter Tapete und blauem Emailgeschirr, um 1900.

Für viele Besucherinnen und Besucher beherbergen drei Räume des ersten Obergeschosses einen Hauptanziehungspunkt des Museums: die vom Land Baden-Württemberg erworbene Puppenstubensammlung von Johanna Kunz. Über 40 Puppenwohnungen, Puppenküchen und Kaufläden sind, um einige Stücke anderer Leihgeber bereichert, in einer chronologischen Gliederung präsentiert. Sie sind weit mehr als nur nostalgische Liebhaberstücke, sondern wertvolle Dokumente der Kulturgeschichte des Spielens, der Erziehung und nicht zuletzt des Wohnens. Der erste Raum (Abt. 1.1) ist als überdimensionale begehbare Puppenstube gestaltet, in der sich die Besucher gleichsam in der Rolle der kleinen Spielfiguren wiederfinden. In den Vitrinen werden Puppenwohnungen und Puppenküchen seit der Biedermeierzeit gezeigt. Die Aufstellung regt zu stilistischen Vergleichen der Wohnungsausstattung und Kleidung der einzelnen Zeitabschnitte an. Sie lässt am Beispiel der Puppenküchen die technische Entwicklung im Haushalt erkennen. Anhand einer auf dem noch erhaltenen Tischgestell aufgesetzten Puppenwohnung (Abt. 1.3) lässt sich sowohl die reale Spielsituation der einstigen kleinen Besitzerinnen nachvollziehen als auch die sich über vier Generationen hinziehende „Bespielung" der immer weiter in der Familie vererbten und meist zum Weihnachtsfest mit dem Mobiliar des herrschenden Zeitgeschmacks entsprechend ergänzten und „neu" geschenkten Stube.

Besonders bemerkenswert sind darüber hinaus industriell gefertigte Möbelchen aus Blech, die in einigen Stuben aufgestellt sind. Sie ahmen sogenannte „Boulle-Möbel" nach, die mit kostbaren Schildpatt- und Messingintarsien Ende des 19. Jahrhunderts im Zweiten Rokoko und Louis-Seize-Stil bei der betuchten Bürgerschaft hochmodern waren. Als „Fachgeschäfte" hervorzuheben sind ein Hutladen, eine Apotheke, ein Marktstand und ein Spielzeugladen. Das große Papiertheater repräsentiert als einziges ein reines Jungenspielzeug. Die von den Eltern selbstgebaute Nachkriegspuppenstube aus den 1950er Jahren mit nur zum geringen Teil zugekauftem Zubehör zeugt von der Beliebtheit dieses Spielzeugs und der Kontinuität der Puppenstuben auch in schlechten Zeiten.

Papiertheater
(hier mit Bühnenbild: Walküre)
waren meist Knabenspielzeug,
um 1900.

Abt. 2 Stadtgeschichte

In zwölf zeitlichen und thematischen Abschnitten wird den Besuchern ein Überblick über die historische Entwicklung Bad Mergentheims von seinen Ursprüngen als fränkische Ansiedlung bis zur heutigen Kur- und Großen Kreisstadt gegeben. Den Auftakt macht ein großes Modell der Stadt im Maßstab 1:500 (Abt. 2.1), das Mergentheim um das Jahr 1750 zeigt, umgeben von einer Doppelmauer mit Türmen, Toren und Gräben. Als Basis zur Erarbeitung des Modells diente ein Stadtplan aus der Mitte des 18. Jahrhunderts mit den Umrisslinien aller damals existierenden Gebäude. Die Kernstadt mit der benachbarten, ebenfalls noch befestigten Schlossanlage und ihrer Umgebung zeigt die typischen Merkmale einer kleinen ländlichen Residenz- und Ackerbürgerstadt. Allein die fortifikatorische Trennung von Schloss und Stadt lässt ein sicher

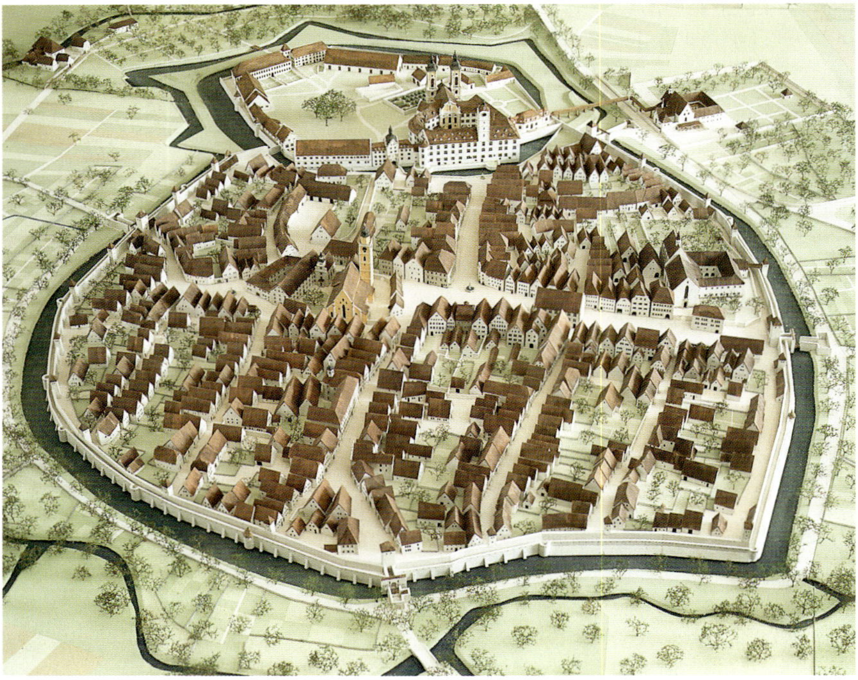

Ausschnitt aus dem Stadtmodell, Zustand um 1750; Blick von Westen. Deutlich ist die getrennte Befestigung von Schlossanlage und Stadtbereich zu erkennen.

nicht immer unproblematisches Zusammenleben von Ordensregierung und Bürgerschaft erahnen. Ergänzend zum Modell ist eine Reihe von Ansichten ausgestellt, die ein umfassendes Bild der historischen Stadt vermitteln. Der 1676 aus Sandstein gehauene Bildstock verweist deutlich auf das Lebenselexier und bedeutendste Wirtschaftsgut der Stadt und des Taubertals, den Wein. Gegen Ende des 19. Jahrhunderts büßte der Wein allerdings unter anderem durch die verheerenden Reblausschäden diese Rolle ein. Erst seit kurzem versucht man – mit Erfolg –, wieder verstärkt an diese alte Tradition anzuknüpfen.

Die freigelegten Fensterarkaden des mittelalterlichen Palasgebäudes aus der Mitte des 13. Jahrhunderts rücken die Architektur des Schlosses als wichtigstes Exponat einmal mehr in den Vordergrund. Die nun sichtbare Quadermalerei zeigt an, dass sich auf dieser Seite die Außenfassade befand (vgl. Abb. S. 6).

Durch die staufischen Fensterarkaden blickt man in den anschließenden Raum, in dem eine Auswahl von merowingischen Grabbeigaben aus einem Gräberfeld des 6.-7. Jahrhunderts n. Chr. die Siedlungskontinuität im Stadtgebiet bis in unsere Tage nachweist (Abt. 2.2). Nach der ersten fränkischen Siedlung sind die nächsten Themen die Stadterhebung Mergentheims im Jahre 1340, die Zeit unter

dem Deutschen Orden, Frömmigkeit und kirchliches Leben in der Stadt, das Schicksal in Kriegs- und Friedenszeiten sowie der Bauernaufstand in und um Mergentheim gegen den neuen württembergischen Landesherrn im Jahr 1809.
Die imposante und qualitätvolle Marienstatue aus Sandstein stammt aus der Außennische der Mergentheimer Spitalkirche (Abt. 2.3); dort ist heute eine Kopie aufgestellt. Sie war um die Mitte des 13. Jahrhunderts für die Johanniter angefertigt worden. Kaiser Ludwig der Bayer erhob Mergentheim 1340 zur Stadt und übertrug die alleinige Herrschaft dem Deutschen Orden, der diese in so umfassender Weise wie sonst wohl an keinem Ort im Reich bis 1809 ausübte, die Johanniter zogen sich in der Folge zurück. Die intensive religiöse Durchdringung des öffentlichen und privaten Lebens in Stadt und Umgebung ist im Abschnitt „Mergentheimer Andacht" (Abt. 2.4) dargestellt. Zwei wertvolle Marienbilder aus Alabaster sind neben Prozessionsfahnen und

Muttergottes mit Kind, ehemals an der Mergentheimer Spitalkapelle St. Martin, Sandstein, um 1280.

Blick in den Raum in der Abteilung Stadtgeschichte „Mergentheimer Andacht".

-figur Zeugen der Frömmigkeitsgeschichte. Die überaus fein gearbeitete Pietà des 15. Jahrhunderts stammt aus der Marienkirche und gehört zu den bedeutendsten Kunstwerken der Region. Das Relief nach einem im 16. Jahrhundert berühmten Gnadenbild von Lucas Cranach d.Ä. erinnert an die Bestre-

Pietà aus Alabaster, tauberländisch?, 15. Jh.

bungen in gegenreformatorischer Zeit, durch Kopien wichtiger Wallfahrtsbilder neue Pilgerziele zu etablieren. Das durch Hochmeister Johann Kaspar von Stadion neben dem Schloss eingerichtete Kapuzinerkloster war mit der Mariahilf-Kapelle durch den Deutschen Orden ein Wallfahrtsort geworden, der 200 Jahre Bestand hatte.

In der Abteilung „Krieg und Frieden" (Abt. 2.5) vermitteln in Kupfer gestochene Feldzugspläne und Schlachtendarstellungen ein lebendiges Bild vom Ausmaß der militärischen Besetzungen, Einquartierungen und Plünderungen, unter denen das Taubertal in der Ordenszeit zu leiden hatte. Diese harten Zeiten begannen 1525 mit den Bauernkriegen und endeten mit den Koalitionskriegen um 1800. Dass es auch in Friedenszeiten zu Auseinandersetzungen mit den Territorialherren der Umgegend kam, belegt eine Karte, welche die Wegführung der Landstraße von Herbsthausen nach Mergentheim als Streitgegenstand zeigt.
Auf die Schlacht bei Herbsthausen vom 5. Mai 1645 weist in dieser Abteilung ein Kupferstich hin.

Diorama Schlacht von Herbsthausen
Aus Platzgründen wird das Diorama der Schlacht mit über 2000 Zinnfiguren im Erdgeschoss gezeigt. Über 20.000 Mann waren an diesem Kampf gegen Ende des Dreißigjährigen Krieges beteiligt, jede Zinnfigur steht also für zehn Schlachtenteilnehmer.
Hier standen die über den Rhein vorgedrungenen Franzosen unter Marschall Henri de la Tour, Vicomte de Turenne, mit Hauptquartier im Mergentheimer Schloss den zahlenmäßig unterlegenen bayerischen Truppen unter Feldmarschall von Mercy gegenüber. Beim Überraschungsangriff Mercys trafen die Truppen am Morgen des 5. Mai auf die schlecht vorbereiteten Franzosen. Durch geschicktes Taktieren waren die Bayern schnell siegreich, Turenne flüchtete mit seinen Verbündeten, um der Vernichtung zu entgehen. Im Diorama sind die bayerischen Soldaten leicht an den weiß-blauen Fahnen, die Franzosen an den Fahnen mit Bourbonenlilien und Kreuzen und deren Verbündete aus Sachsen-Weimar an den grünen und grüngelben Fahnen zu erkennen. Die Bayern hatten etwa 600 Mann Verlust, die Gegner etwa 5000 (Kriegsgefangene und circa 2300 Tote). Als man 1777 die Straße von Herbsthausen nach Mergentheim befestigte, stieß man auf Tausende von Menschen- und Pferdeknochen sowie Lederreste. Hufeisen aus dem 17. Jahrhundert finden sich auf den Äckern noch heute. Obwohl die Schlacht keine kriegsentscheidende Wende herbeiführte, sondern höchstens eine Verschnaufpause für die Bayern, ging sie als strategische Meisterleistung in die Militärgeschichte ein.

Zinnfiguren - Diorama der Schlacht von Herbsthausen, 1545.

Die Verwaltungs- und Verkehrsgeschichte der seit 1809 württembergischen Oberamtsstadt und späteren Kreisstadt (Abt. 2.6), Handel und Gewerbe in Mergentheim und Umgebung (Abt. 2.7), die Geschichte der jüdischen Gemeinde bis zu deren schrecklichem Ende (Abt. 2.8) und die Garnisongeschichte der Stadt (Abt. 2.9) werden im anschließenden Raum präsentiert. Im Mergentheimer Gewerbe überwog wenigstens bis ins 19. Jahrhundert das für den örtlichen Markt produzierende Handwerk; überregionalen Absatz fanden lediglich die kunstvollen Uhren des geschickten örtlichen Uhrmachers Johann Erasmus Baumgartinger (1748-1811), von denen einige ausgestellt sind.

Blick in den Raum „Handel und Gewerbe" u.a. mit den Uhren von Johann Erasmus Baumgartinger, Zunftzeichen und -lade und Gesellenbrief.

Mit der Entdeckung der ersten der stark bittersalzhaltigen Mineralquellen an der Tauber, der späteren Wilhelmsquelle, durch den Schäfer Franz Gehrig beziehungsweise seine Schafe begann 1826 die Entwicklung der Stadt, die sich seit 1926 offiziell Bad Mergentheim nennen darf, zum heute größten Kur- und Heilbad Baden-Württembergs. Alte Darstellungen der Brunnen- und Badehäuser, Schriften und Urkunden, Mineralwasserkrüge und Trinkgläser sowie vor allem die ehemalige Trinksäule der Albertquelle dokumentieren die Geschichte des Kurbetriebes gegen Leber-, Gallen- und Stoffwechselkrankheiten. Ein weiterer Aspekt des Heilbades, die wesentliche Bereicherung des kulturellen und gesellschaftlichen Lebens der Stadt, wird in diesem

Das alte Kurhaus in einer Ansicht von Max Mackott, 1924.

Zusammenhang ebenfalls gewürdigt. Berühmte Kurgäste waren zum Beispiel Eduard Mörike, Gioacchino Rossini, Friedrich Ebert, Zar Ferdinand von Bulgarien und Theodor Heuss. Einige „Reliquien" – Haarlocke, Federkiel, Schnupftabaksdose, Rasierstein und vor allem das originelle Haushaltungsbuch mit den fantasievollen Randbemerkungen und -zeichnungen – erinnern an den Dichter Eduard Mörike (1804-1875), der von 1844 bis 1851 in Mergentheim lebte und sich mit der Mergentheimer Bürgerstochter Margarethe Speeth verheiratete.

Johann Eberhardt, Blick vom Trillberg auf Mergentheim, um 1850.

Abt. 3 Carl-Joseph-von-Adelsheim'sche Sammlung

Wie schon erwähnt, war die Darstellung der Geschichte des Deutschen Ordens ursprünglich nicht der inhaltliche Schwerpunkt des 1864 begründeten Mergentheimer Museums. Den Grundbestand bildete vielmehr die reichhaltige, teils kostbare, teils kuriose „Altertumssammlung" des

Hausaltärchen mit der Geburt Christi, 16. Jh.

Nürnberger Messingbecken, 17. Jh.

Bemalter Holzteller, sogenannter Hochzeitsteller, mit der Darstellung Judith und Holofernes, 16. Jh.

württembergischen Majors a.D. Carl Joseph von Adelsheim (1790-1864), die er der Stadt vermacht hatte. Bei der amtlichen Nachlassaufnahme wurden 511 Objekte registriert: darunter Glaspokale, Fayencen und Porzellan, Renaissancekästchen mit Intarsien, reichverzierte Türen- und Truhenschlösser, Holzskulpturen und vielerlei Dosen, Hieb-, Stich- und Feuerwaffen, altägyptische Grabbeigaben, ostasiatisches Porzellan, chinesische Kleinfiguren und vieles mehr. Gezeigt wird heute eine Auswahl der

Glasiertes Steinzeug aus der Adelsheim Sammlung, 17./18. Jh.

Rothenburger Apostelkrug mit Wappen des Bürgermeisters Philipp Seibothen, 1670.

Bemalter Schrank aus der Untermünkheimer Werkstatt des Schreiners J. M. Rössler, 1826.

interessantesten und repräsentativsten Stücke. Darunter befindet sich ein fränkisches Hausaltärchen aus dem 16. Jahrhundert mit der Anbetung der Könige ebenso wie zwei nürnbergische Messingbecken der gleichen Zeit. Als Vorbild für die rechte Ehefrau zeigt ein Hochzeitsteller des 16. Jahrhunderts die Darstellung der tapferen Judith, die mit ihrer Magd das abgeschlagene Haupt des Feldherren Holofernes davonträgt und so ihr Volk errettet. Unter den wertvollen Gefäßen aus Glas, Porzellan, Fayence und Steinzeug ist ein prächtiger Rothenburger Apostelkrug hervorzuheben.

Abt. 4 Möbel aus der Region

Für Möbel, wie sie hier im ersten Obergeschoss ausgestellt sind, ist die Bezeichnung „Bauernmöbel" vertraut, tatsächlich aber waren sie in bürgerlichen wie bäuerlichen Wohnungen gleichermaßen zu finden. Aus der Region um Mergentheim sind bemalte und unbemalte Möbel zum Schlafen, Sitzen und Aufbewahren zu sehen: Betten, Brettstühle, ein Kastentisch, Schränke und Truhen, aber auch eine Standuhr. Ein Spruch an einem Himmelbett, 1793 datiert, klärt uns über die Freuden irdischen Daseins auf:

„Gottes genad und gesunder Leib
ein Warmes bett ein schönes weib
ein gerichtes bett und reinischer Wein
was kan auf erden schöner sein".

Kunsthandwerklich herausragend ist im benachbarten Raum der reich bemalte, 1826 von dem bekannten Schreinermeister Johann Michael Rößler (1791-1849) in Untermünkheim am Kocher fertiggestellte und stolz signierte Schrank aus Fichtenholz.

Abt. 5, 6 und 7 Geschichte des Deutschen Ordens

Vom Mergentheimer Schloss aus wurden fast 300 Jahre lang die Geschicke des Deutschen Ordens gelenkt, der seit dem Mittelalter eine wichtige Rolle in der Geschichte Europas und des Vorderen Orients spielte – Grund genug, gerade an diesem Ort einen Überblick über seine Bedeutung und Entwicklung zu präsentieren. Rund um das zweite Stockwerk werden 800 Jahre Ordensgeschichte von den Anfängen in Palästina (1190) bis in die Gegenwart des heute wieder rein geistlichen Ordens erzählt.

Abt. 5 Mittelalter

Ein chronologisch und thematisch gegliederter Rundgang führt die Besucher durch die Entwicklung des Ordens, von der Zeit der Kreuzzüge bis hin zur Blüte und dem Niedergang der Ordenslande Preußen und Livland. Die detailgetreuen Modelle der Marienburg und der Burg Rehden im preußischen Kulmerland zeugen von den architektonischen Leistungen ebenso wie vom Machtanspruch des Ordens im Osten.

Blick in den Flur (= Abt. 5. „Der Deutsche Orden im Mittelalter") im zweiten Obergeschoss mit dem Wappenfries des alten Kapitelsaals.

Abt. 5.1 Deutscher Orden und Heiliges Land
Der Deutsche Orden ist eine typische Gründung der Kreuzzugsära. Äußerer Anlass für die Kreuzzüge war das Vordringen der Türken in Kleinasien und der Hilferuf der christlichen Metropole im Osten – Byzanz, des heutigen Istanbul – an das Abendland. Die Päpste verstanden es, den sogenannten Heidenkampf der christlichen Ritterschaft mit den immer beliebter werdenden Pilgerfahrten ins Heilige Land zu verbinden. Nach dem Aufruf Papst Urbans zum ersten Kreuzzug (1095) war das Ziel der bewaffneten Pilger die Befreiung des Heiligen Grabes Christi in Jerusalem von den Muslimen.

Rückeroberungen durch die Muslime waren 1147 der Anlass zum zweiten Kreuzzug, zu dem Bernhard von Clairvaux aufgerufen hatte. Als Sultan Saladin von Ägypten Jerusalem 1187 zurückeroberte, kam es zu einem dritten Kreuzzug (1189 – 1192). Auch Kaiser Friedrich I. Barbarossa nahm teil, als man von Regensburg aus loszog. Als er auf dem Hinweg 1190 im Fluß Saleph ertrank, kehrte ein Teil des deutschen Heeres wieder um. Im selben Jahr errichteten Kaufleute aus Bremen und Lübeck bei der

Gründungsgeschichte des Deutschen Ordens: Das Feldhospital vor Akkon 1190, dargestellt in der Würzburger Chronik des Lorenz Fries, 16. Jh.

Belagerung der Hafenstadt Akkon ein Feldhospital (Abt. 5.1), dem bald ein festes Haus in der Stadt Akkon folgte. Die Zelte sollen der Überlieferung nach aus den großen Segeln der Kaufmannsschiffe, den sogenannten Koggen, gefertigt worden sein. Es wurden Kranke und Verwundete gepflegt, deren Muttersprache deutsch war. Der Sohn des Kaisers, Herzog Friedrich von Schwaben, unterstützte das Spital, und viele andere deutsche Adlige taten es ihm gleich. Reichen Güterschenkungen im Mittelmeerraum folgten deshalb dann ebensolche in Europa.

Von den insgesamt zwölf geistlichen Ritterorden, die im 12. Jahrhundert gegründet wurden, hatten nur die Templer, die Johanniter und der Deutsche Orden internationale Bedeutung. Nach dem Vorbild und den Regeln der Johanniter im Hospitalwesen und Templer im Militärbereich organisierte sich der schon im Jahre 1198 in einen kämpfenden Ritterorden umgewandelte Deutsche Orden. Jeder, der in den Orden eintrat, legte nach der Regel ein Gelübde über Keuschheit, Gehorsam und ein Leben in Armut ab. Mönchische und ritterliche Lebensweise und Ziele waren so vereint – führten aber auch über die Jahrhunderte nicht selten zu Konflikten. Beim fünften Kreuzzug gelang es Kaiser Friedrich II., den Christen wieder Zutritt zu den heiligen Stätten zu verschaffen und sich selbst 1229 zum König von Jerusalem zu krönen. Einer der wichtigsten Berater

Das Hochmeisterwappen – hier: an der Innenseite des Hauptportalbaus – ist eine Darstellung des Ordensnamens: Das schwarze Kreuz ist das Symbol des Christentums schlechthin; es steht für den geistlichen Orden; für Jerusalem steht das aufgelegte goldene Jerusalemkreuz, für die Deutschen der staufische Reichsadler im Herzschild. Die Lilie, ein wichtiges Mariensymbol, steht für die Hauptpatronin Maria.

a

b

c

d

Johann Salver, Die Verleihung des Hochmeisterkreuzes, Kupferstich, 1720;
a) Papst Cölestin erlaubt dem Deutschen Orden, das schwarze Kreuz im Banner zu tragen.
b) Der König von Jerusalem fügt das goldene Jerusalem-Kreuz hinzu.
c) Kaiser Friedrich II. verleiht den Reichsadler in den Herzschild.
d) Der französische König gestattet dem Deutschen Orden, die bourbonische Lilie ins Wappen zu nehmen (historisch nicht korrekt).

des Kaisers, Hochmeister Hermann von Salza, hatte sehr gute Beziehungen zum Papst. Daher verwundert es kaum, dass der Deutsche Orden vom Kaiser im gleichen Jahr das in der Stadt Jerusalem schon bestehende Deutsche Hospital St. Marien zugesprochen bekam. Jerusalem war zwar nicht Ursprungsort, doch in den 800 Jahren Ordensgeschichte immer das ideelle Zentrum. Der vollständige Name des Ordens lautet deshalb ORDO FRATRUM HOSPITALIS SANCTAE MARIAE TEUTONICORUM HIEROSOLYMITANORUM, das heißt Orden der Brüder vom Spital St. Mariens der Deutschen in Jerusalem, abgekürzt Ordo Teutonicus, Deutscher Orden. Der Sitz des Ordens war hier nur 15 Jahre, da Jerusalem schon 1244 durch die muslimischen Mamelucken erobert worden war. Im nordwestlich gelegenen Montfort, Starkenberg, war der Hauptsitz bis 1271. Ihm folgte von 1271 – 1291 noch einmal die Residenz Akkon. Nachdem diese Hafenstadt 1291 als letzte Bastion des Westens im Orient gefallen war, zog sich die Führung des Deutschen Ordens zunächst nach Venedig zurück. Von dort hoffte man sich im Falle einer Wende direkt wieder ins Heilige Land einschiffen zu können. Doch dazu sollte es nicht mehr kommen. Zu diesem Zeitpunkt hatte der Orden auch an anderen Grenzen der damaligen Christenheit Fuß gefasst: beispielsweise im Burzenland (Siebenbürgen/Rumänien), wohin der Orden 1211 auf Bitten des ungarischen Königs Andreas als Grenzwächter kam. Nach 14 Jahren, als dem König die Ordensritter und ihre Burgen zu mächtig werden drohten, mussten sie wieder abziehen. Weitere Grenzposten richtete der Orden auch in Armenien und in Spanien sowie im Ostseeraum ein.

Nachbildung eines Deutschordensritters zu Pferd, 13. Jh.

Abt. 5.2 Die Balleien im Reich

Inzwischen war der Orden reich geworden – überall in Europa hatten ihn begüterte Adelsfamilien und Patrizier beschenkt, da er über den Kreuzzugsablass verfügte. So entstanden zwischen 1200 und 1300 fast jährlich mehrere neue Ordensniederlassungen, sogenannte Kommenden. Mehrere dieser einem Komtur unterstehenden Verwaltungsbezirke waren jeweils zu einer Ballei unter der Leitung eines Landkomturs zusammengefasst. An der Spitze des Ordens stand der auf Lebenszeit gewählte Hochmeister. Den Balleien im Deutschen Reich stand der Deutschmeister, den Ordensländern Preußen und Livland jeweils ein eigener Landmeister vor. Beschlussfassende Versammlungen auf der Ebene eines Konvents oder einer Ballei wurden Kapitel genannt, das oberste beschließende Organ des Ordens war das Generalkapitel unter dem Vorsitz des Hochmeisters.

Die Ordensstatuten sahen zur personellen Besetzung jeder Kommende – in Analogie zu Christus und den zwölf Aposteln – den Komtur und zwölf Brüder vor. Diese Idealvorstellung wurde jedoch in Wirklichkeit über- wie unterschritten. Geleitet wurde diese klösterliche Gemeinschaft vom Komtur. Es gab aber auch – etwa in Bern – reine Priesterkonvente. Doch in der Mitte des 13. Jahrhunderts bestand beispielsweise der Mergentheimer Konvent überwiegend aus Ritterbrüdern; kaum einer hatte die Priesterweihe empfangen. Um das Jahr 1300 gab es bereits 300 Kommenden von Schweden bis in den Süden Europas. Dieser Streubesitz – dezentral von den

Kommenden verwaltet – in Spanien, Süditalien und Sizilien, Griechenland, in der Steiermark, in Südtirol, in der Schweiz und in Frankreich, in Wien, Prag, Nürnberg, Bayern (Aichach und Regensburg), Hessen, Thüringen, Belgien, Holland sowie in Preußen und ab 1237 in Livland erforderte ein ausgeklügeltes Verwaltungssystem. Mit den Geldern aus diesen Besitzungen – Hospitäler, Burgen, Wirtschaftshöfe, Waldungen, Weinberge, Mühlen – wurden sowohl der Pilgerschutz und der Kampf gegen die Nichtchristen im Heiligen Land finanziert sowie der Ankauf, Aufbau und Unterhalt weiterer Niederlassungen in Mitteleuropa.

Eine solche Nachschubbasis des Deutschen Ordens war auch die Niederlassung in Mergentheim. Landbesitz und Weinhandel sicherten die Finanzierung. Der Vorgängerbau des Schlosses, in dem heute das Museum eingerichtet ist, war dem Orden bereits 1219 von den Herren von Hohenlohe geschenkt worden. Das „Deutsche Haus" zu Mergentheim entwickelte sich zu einer der blühendsten Niederlassungen in Deutschland.

Die heilige Elisabeth, Schutzpatronin des Deutschen Ordens, bei der Krankenpflege. Fenster der Marburger Elisabethkirche, vor 1250.

Eines der bedeutendsten Ordenshäuser entstand in Marburg, wo die Tochter des ungarischen Königs Andreas, Elisabeth von Thüringen (1207-1231), segensreich gewirkt und als Witwe ein Spital gegründet hatte. Nach ihrem Tode trat ihr Schwager Konrad von Thüringen in den Orden ein und engagierte sich für ihre im Jahr 1235 sehr rasch erfolgte Heiligsprechung. Elisabeths Spital und Besitz wurde dem Orden übereignet, Konrad 1239 Hochmeister. Die rasch einsetzende Wallfahrt zum Grab der heiligen Elisabeth erforderte bald den Neubau einer großen Kirche über ihrem Grab. Neben Maria und dem heiligen Georg wurde die heilige Elisabeth zur Patronin des Ordens. Die Grundgedanken des Ordens „Wehren und Heilen" sind durch diese beiden Patrone, den kämpferischen Ritterheiligen und die mildtätige Hospitalgründerin, verkörpert. Auch die Mergentheimer Schlosskirche ist Maria, Elisabeth und Georg geweiht.

Der heilige Georg mit der Fahne des Deutschen Ordens, dessen Schutzpatron er ist.

Abt. 5.4 In Preußen und Livland

In das spätere Preußen, außerhalb der Reichsgrenzen, war der Orden vom polnischen Herzog Konrad von Masowien schon 1226 zur Unterstützung im Kampf gegen die Preußen gerufen worden. Nach den schlechten Erfahrungen im Burzenland waren

Marienburg, Detail des Modells, von links: Mittelschloss, Hochmeisterpalast, Hochschloss mit Schlosskirche.

die Deutschordensherren aber erst 1230 unter dem ersten preußischen Landmeister Hermann Balk mit fünf Brüdern und Gefolgsleuten nach Norden an die Weichsel gegangen, als alle Rechte für das Kulmerland und das noch zu erobernde Gebiet von Herzog Konrad abgetreten wurden. Von Kaiser und Papst gebeten und weitgehend unterstützt, eroberte, unterwarf und missionierte der privilegierte geistliche Ritterorden zusammen mit Kreuzfahrern aus ganz Europa vom Kulmerland aus die weiten, bislang nicht christianisierten Gebiete an der Ostsee. Das große zusammenhängende Territorium, das der Orden hier gewann, wurde durch Bauernansiedlung, Bodenkultivierung, Städtegründungen und das Anlegen von Handels- und Transportwegen staatsähnlich strukturiert und verwaltet. Den heftigsten Widerstand leistete das Volk der Prußen, dessen Name in der geographischen Bezeichnung „Preußen" lebendig blieb. 1309 verlegte der Hochmeister seinen Sitz von Venedig auf die neuerbaute Marienburg an der Nogat. Dorthin wurden auch die europäischen Adligen, die mit den Ordensrittern an die Kampfplätze zogen, auf ihren „Preußenreisen" eingeladen.

Ausstattung:
Der gusseiserne Rundofen des frühen 19. Jahrhunderts aus Wasseralfinger Hüttenproduktion ist mit klassizistischen Motiven geschmückt und stammt wie fast alle im Schloss aufgestellten Öfen aus Schloss Weikersheim. Die Mergentheimer Öfen haben sich nicht erhalten.

Abt. 5.5 Landesherr in Preußen und Livland
Durch die Vereinigung mit dem deutschen Schwertbrüderorden fasste der Deutsche Orden auch in Liv-

land Fuß. Im Gegensatz zum Streubesitz im Reich besaß der Deutsche Orden in Preußen und Livland ein mehr oder weniger geschlossenes Territorium, er förderte Landesausbau und Stadtgründungen. Steuervergünstigungen und preiswertes Land lockten die Neusiedler aus West- und Mitteleuropa in den Ostseeraum. Sie kamen sowohl aus dem gesamten deutschen Reich als auch aus den Niederlanden, Frankreich, Italien, Skandinavien und Großbritannien. Zahlreiche, planmäßig gegründete Städte gehen auf den Deutschen Orden zurück – zu den bekanntesten Stadtgründungen nach deutschem Recht gehören Kulm (Chełmno), Thorn (Toruń), Marienwerder (Kwidzyn), Elbing (Elbląg) und Königsberg (Kaliningrad). Neben dem Seehandel, mit dem der Deutsche Orden als Mitglied der Hanse verbunden war, spielte der Handel zu Lande eine wichtige Rolle. Ein besonders wichtiges Handelsgut war der Bernstein aus dem Baltikum. Der Deutsche Orden sicherte sich wichtige Fundstellen und den Handel. Als Territorialherr prägte der Orden seit 1226 natürlich auch eigene Münzen.

Maria, die Schutzpatronin des Deutschen Ordens als 8 m hohe Mosaikfigur an der Außenseite der Marienburger Schlosskirche, im 2. Weltkrieg zerstört.

Abt. 5.6 Ende in Preußen und Livland

Die Beziehungen des Deutschen Ordens zu Polen waren vor allem durch die Besetzung Pommerellens und Danzigs sehr belastet. Die polnisch-litauische Union (1385) verstärkte den Konflikt, der 1410 in der Schlacht von Tannenberg (Grunwald) gipfelte. Von dieser Niederlage erholte sich der Orden nie mehr. Die Friedensschlüsse von Thorn 1411 und 1466 belasteten den Orden finanziell derart, dass er nun von Geldern aus den deutschen Balleien im Reich abhängig war. Wegen der Kriegsschulden wurden die Städte und die Adeligen in Preußen steuerlich so hoch angesetzt, dass der Preußische Bund sich in polnische Oberhoheit begab und Krieg gegen den Orden führte. Diese starke innere und äußere Opposition gegen den Orden, das erstarkende Bürgertum und die Stände forderten ihre Rechte. In den Friedensverhandlungen verlor der Deutsche Orden nicht nur die strittigen Gebiete, sondern auch sein Kerngebiet, das Kulmerland und die Marienburg. Vom Orden angeworbene Söldner hatten bereits 1457 die Marienburg an den polnischen König verkauft. Der Hochmeister siedelte nach Königsberg über, leistete dem polnischen König für die verbleibenden Gebiete einen Treueeid und sagte die Aufnahme polnischer Ordensbrüder in die preußischen Konvente zu – doch der livländische Landmeister und der Deutschmeister erkannten die

Verträge mit Polen nicht an. Der Hochmeister residierte in Königsberg faktisch nur noch als weltlicher Fürst, die Zahl seiner Ordensritter nahm stetig ab. Gab es vor 1410 noch etwa 700 Deutschordensritter, so waren es nach 1466 weniger als 300. Schließlich legte Albrecht von Brandenburg 1525, wie von Martin Luther in seiner Schrift „An die Herrn Deutschs Ordens, das sie falsche Keuschheyt meyden..." empfohlen, sein Ordensgewand ab und trat als weltlicher Herzog unter die Lehnsherrschaft des polnischen Königs. In Livland konnte sich der Orden fast vier Jahrzehnte länger halten, bis zur völligen Aufteilung des Landes.

Abt. 5.7 Burg Rehden im Kulmerland
Zur Verteidigung und Verwaltung des Landes war eine Vielzahl von Wehrbauten notwendig. Als geistlicher Ritterorden entwickelte der Deutsche Orden anstelle von Klosteranlagen die Konventsburgen, die die Aufgaben des Wehrbaus und der Klosteranlage in sich vereinten. Das Modell der Burg Rehden im Kulmerland, im Maßstab 1:50 detailgenau gefertigt

Modell des Mergentheimer Schlosses, Zustand um 1650; Blick in die Abt. 5.6 mit dem Rekonstruktionsmodell der Burg Rehden im Kulmerland.

von Albrecht Duwe, Essen, zeigt eine dieser in typischer Backsteinarchitektur entstandenen Anlagen des 13./14. Jahrhunderts. Das vierflügelige Hochschloss, Baubeginn um 1320, mit ausgedehnter Vorburg ist nach den Vorstellungen des 19. Jahrhunderts rekonstruiert.

Abt. 6 Neuzeit 1525 – 1809

In den beiden Fürstenwohnungen in der ehemaligen Beletage wird zunächst die weltliche Seite des Ordens vorgestellt – zum Beispiel der Hochmeister als Landesherr und Reichsfürst, die standesgemäße Lebensführung der Ordensritter und die veränderten militärischen Aufgaben. Die Verwaltung des über ganz Mitteleuropa verteilten Streubesitzes wurde zur Hauptaufgabe des Ordens. Die Ansprüche auf den Besitz im Ostseeraum gab man zwar bis ins 19. Jahrhundert nicht auf, konnte die Rückgewinnung aber nicht mehr durchsetzen. Der geistliche Aspekt des Ordenslebens tritt dagegen in den Themenbereichen Trikonfessionalität, Bautätigkeit des Ordens, Priesterausbildung und Patronatsrechte in den Vordergrund.

Abt. 6.1 Mergentheim als Zentrale des Deutschen Ordens
Die Tätigkeit des Ordens verlagerte sich von Preußen nach Süddeutschland, da der Deutschmeister auf der Burg Horneck am Neckar seinen Sitz hatte. Doch auch hier erschütterten Reformation und Bauernkriege den Orden in seinen Grundfesten. Die Burg wurde gestürmt und geplündert, das Archiv des Deutschmeisters verbrannt. Die Verlegung des Deutschmeistersitzes in die große Kommende Mergentheim war eine naheliegende Lösung. 1527 ernannte Kaiser Karl V. den Deutschmeister Walter von Cronberg zum „Administrator des Hochmeistertums", also zum vorübergehenden Verwalter. Erst als man 40 Jahre später einsah, dass daraus ein Dauerzustand geworden war, folgte der angemessene Ausbau der Mergentheimer Burg zur Residenz (vgl. Baugeschichte S. 6).

Ausstattung:
Nach der Inventarliste von 1809 befand sich in diesem Raum „der Speisesaal zum alten Fürstenquartier gehörig" (vgl. S. 11). Die Wände waren mit gelbem Seidendamast bespannt, über den Türen Supraporten mit Landschaftsmalerei angebracht. Die Stuckdecke, bei der Renovierung von 32 Farbschichten befreit, zeigt den Kriegsgott Mars sehr friedlich – er wird soeben von zahlreichen Putten entwaffnet, was möglicherweise auf einen Friedensschluß (von Passarowitz 1718?) hinweisen könnte, bei dem der Deutsche

Emanuel Wohlhaubter, Porträt des Deutschordensritters Ferdinand Mauritz von Mengersen, Mitte 18. Jh.

Orden beteiligt war. Die Barockisierung dieses und der folgenden Räume erfolgte unter Hochmeister Franz Ludwig von Pfalz Neuburg (reg. 1694 – 1732).

6.2 Der Orden im habsburgisch geführten Reich

Seit dem 16. Jahrhundert standen oft Mitglieder des Hauses Habsburg oder ihm verbundener Familien an der Ordensspitze; in der Porträtreihe sind einige von ihnen dargestellt. Der Orden wurde dadurch in die habsburgische Politik eingebunden und verlor einen Großteil seiner Eigenständigkeit. 1606 erfolgte eine wichtige Regelreform durch Hochmeister Maximilian von Österreich, die den durch die Reformation eingetretenen Veränderungen Rechnung trug.
So waren von ehemals 20 Balleien um das Jahr 1600 nur mehr sieben Balleien katholisch.

Ausstattung:
An der 1720 von einem unbekannten Künstler geschaffenen Stuckdecke des Alten Audienzzimmers ist der Gott Merkur mit Flügelhelm und Flügelschuhen zu sehen, der Paris den goldenen Apfel überreicht. Durch dessen Entscheidung, ihn an die Liebesgöttin Venus zu geben, die ihm die schönste Frau, Helena, versprochen hatte, wurde der Trojanische Krieg ausgelöst. Putten mit unterschiedlichen Attributen, darunter einem Freiheitsbrief, ergänzen das Thema „Krieg".

6.3 Spital des deutschen Adels

Während seiner Mergentheimer Residenzzeit konzentrierte sich der Orden ganz auf die Verwaltung seiner Ländereien und Güter, Häuser und Hospitäler sowie Patronatskirchen. Zunehmend wurde er zu einer Versorgungsanstalt für nachgeborene Söhne deutscher Adelsfamilien, denen durch Übernahme einer Kommende – natürlich gegen entsprechende „Mitgift" – eine standesgemäße Lebensführung ermöglicht wurde. Die Aufnahmebedingungen wurden im Laufe der Jahre immer strenger, im 17. Jahrhundert mussten die Kandidaten in einer Ahnenprobe bis zu 16 deutsche adlige Vorfahren nachweisen. Das Aufnahmeverfahren kostete die Familie enorme Summen und dauerte nicht selten jahrelang. Die Anzahl der Ordensritter ging dadurch stetig zurück; statt in einer Gemeinschaft lebte so mancher Ordensritter als einziges Ordensmitglied in einer Kommende und hielt dort standesgemäß und repräsentativ Hof.

Terrinendeckel mit Ordenskreuz, Meißner Porzellan, angefertigt wohl für Hochmeister Clemens August von Bayern, Mitte 18. Jh.

Ausstattung:
Die üppige Stuckdekoration im Kabinett der Alten Fürstenwohnung, geschaffen um 1720 von einem unbekannten Künstler, zeigt die Jagdgöttin Diana im Zentrum von vier Männerbüsten. Drei davon sind antikisch gewandet, eine als Hochmeisterbüste mit Deutschordens-Halskreuz. Sie stellt vielleicht einen Vorgänger des Bauherren, Hochmeister Franz Ludwig von Pfalz-Neuburg, dar.

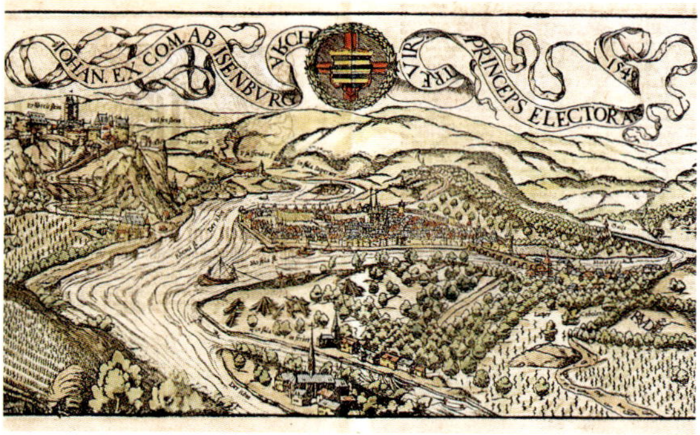

Ansicht von Koblenz. Auf der Halbinsel zwischen Moselmündung und Rhein befindet sich die Niederlassung des Deutschen Ordens (heute Museum Ludwig), nach der das Deutsche Eck benannt ist.

Da der folgende Raum das Schlafzimmer des Hochmeisters war, findet sich hier im Vorraum in der Wandnische eine Toilette und praktischerweise ein eigener Zugang zu den Gemächern über die kleine Wendeltreppe. Die Wandmalerei aus dem 18. Jahrhundert (?), die 1995 freigelegt wurde, zeigt den Platz des Ofens an.

6.4 Militärische Aufgaben – Geschichtliche Legitimation

Im 17. Jahrhundert gehörte das militärische Engagement des Ordens in den Türkenkriegen ein letztes Mal zu dem in den Ordensregeln festgelegten Kampf gegen die Nichtchristen. Der Orden war in die Verteidigung des Reichs eingebunden, stellte Truppenkontingente und ab 1695 sogar ein eigenes „Deutschmeister"-Regiment.

Der Anspruch auf die 1525 verlorenen Gebiete in Preußen wurde vom Deutschen Orden aufrechterhalten; unter anderem wurden die Geschichtsschreibung im Orden und entsprechende Bilddarstellung zu dieser Problematik eingesetzt, um den eigenen Standpunkt zu verteidigen. Die Krönung des brandenburgischen Kurfürsten Friedrich III. zum König in Preußen (1701) gab wieder einmal – erfolglos – Anlass, Preußen zu beanspruchen.

Ausstattung:
An der Decke des Schlafzimmers der Alten Fürstenwohnung sind die Spuren der schönen Stuckdecke aus dem frühen 18. Jahrhundert zu sehen, die vergleichbar zum benachbarten Kabinett gewesen sein muß. Wahrscheinlich war hier der blitzeschleudernde Göttervater Jupiter dargestellt, ein Thema, das im Schlafzimmer des Ordensoberhaupts durchaus angemessen war. Bei einem Umbau wurde sie abgeklopft, der Raum verkleinert und ein neuer schlichter Stuck in der Kehle angebracht. Auch hier kennt man den Namen des Künstlers nicht.

Abt. 6.5 Drei Konfessionen im Orden

Nach der Reformation kam es in den Balleien des Deutschen Ordens zu einem sehr ungewöhnlichen Nebeneinander der Konfessionen, der sogenannten

FRANZ LUDWIG
HOHEN
TEUTSCHEN
RITTER ORDENS
HOCHLOBL. BALLEY
FRANCKHEN
CALENDER
M. DCCXXII
INNOCENTII XIII.
CAROLI VI.
Ellingen

Trikonfessionalität. Der Hochmeister blieb immer katholisch, doch auch Lutheraner in Sachsen und Thüringen und Reformierte in Utrecht blieben der Ordensgemeinschaft und auch den Ordensregeln treu verbunden. In Hessen wechselte das Amt des Landkomturs zwischen den Vertretern der drei Glaubensrichtungen ab. Allerdings schied die Ballei Utrecht 1637 aus dem Gesamtorden aus.

(Gegenüberliegende Seite) Großer Wappenkalender der katholischen Ballei Elsass-Burgund, 1722.

Abt. 6.6 Die Bautätigkeit des Ordens
Der Dreißigjährige Krieg und die hohe finanzielle Belastung durch die Türkenkriege erlaubten dem Orden eine größere Bautätigkeit erst wieder im 18. Jahrhundert – die prunkvollen Schlossbauten der Kommenden in Ellingen oder auf der Insel Mainau, die Planungen für die Elisabethkirche in Nürnberg sowie unzählige Spital-, Verwaltungs- und Wirtschaftsbauten seien hier genannt. Genauso wenig wie im Mittelalter entwickelte sich im 18. Jahrhundert ein ordenstypischer Baustil. Hier ausgestellte Baufunde wie Ofenkacheln, Fußbodenplatten oder Skulpturfragmente aus dem Mergentheimer Schloss ergänzen die Daten zur Baugeschichte auf anschauliche Weise und erzählen von Umbauten über die Jahrhunderte. Dass auch die Parkgestaltung wichtiger Teil der Baumaßnahmen war, zeigt das Modell mit dem durch Maximilian Franz neu angelegten englischen Park der Zeit um 1800.

Ausstattung:
Von der Empore der Schlosskirche, die in den Rundgang eingebunden ist, hat man einen ganz ungewöhnlichen Blick in das Kirchenschiff. Ab 1731 wurde die Schlosskirche nach Plänen des Ordensbaumeisters Roth errichtet. In der Mitte der Empore befindet sich die Hochmeisterloge, die bequem von den Gemächern des Fürsten zu erreichen war. Die Deckengemälde ließ Clemens August von Bayern durch den Hofmaler seines Bruders, Nikolaus Gottlieb Stuber aus München, ausführen. Im Langhaus schildert er die „Verherrlichung des Kreuzes im Himmel und auf Erden", im Chor die „Kreuzesvision Konstantins". Seit 1817 steht die Schlosskirche der evangelischen Gemeinde zur Verfügung.

6.7 Priesterseminar und Bibliothek
Da der Orden gegen Ende des 16. Jahrhunderts kaum mehr über eigene Priester verfügte und die ordenseigenen Pfarrstellen fremd besetzt werden mussten, richtete Maximilian von Österreich in Mergentheim 1606/07 ein Priesterseminar ein. Fortan wurde der Nachwuchs für die Ballei Franken und das Meistertum hier ausgebildet. Auch in anderen Balleien gründete man solche Seminare. Die Priester waren meist bürgerlicher Herkunft, wodurch ihnen in der Ordenshierarchie außer zum Seminardirektor kein Aufstieg möglich war. Wichtiger Bestandteil der

Schlosskirche, Deckengemälde „Verherrlichung des Kreuzes" im Langhaus von Nikolaus Gottfried Stuber.

Ausbildung war die Bibliothek, die hier in Mergentheim bis auf 40.000 Bände angewachsen war. Ein Teil davon wird heute in der Württembergischen Landesbibliothek in Stuttgart aufbewahrt.

6.8 Der Deutsche Orden als Pfarrherr und Kirchenmäzen

Aus den Pfarreien, in denen der Orden die Patronatsrechte hatte, flossen zwar die Einkünfte in die Ordenskasse, aber auch die Ausgaben wie zum Beispiel die Besoldung der Pfarrer, Unterhalt der Kirchen musste der Orden bestreiten. Die silberne Strahlenkranzmadonna, 1798 von dem Würzburger Silberschmied Georg Stephan Dörffer nach einem Modell von Johann Peter Wagner gefertigt, war eine persönliche Stiftung des Hochmeisters Maximilian Franz an die Mergentheimer Pfarrkirche und zeugt ebenso wie die übrigen ausgestellten Kirchengeräte (unter anderem Messkelche, Reliquiar, Monstranz) von der Verbundenheit einzelner Ordensmitglieder mit den Kirchen.

6.9 Die Hochmeistergalerie

Unter Hochmeister Maximilian Franz wurde im Flur des Südflügels mit 14 Hochmeisterporträts eine Galerie eingerichtet. Im Auftrag des Mergentheimer Hauskomturs Augustin Oswald von Lichtenstein, dessen Wappen auf den älteren Bildern zu sehen ist, waren die ersten Bilder bereits 1659/60 entstanden. Als Leihgaben konnten sieben dieser Hochmeisterporträts aus Wien nun wieder auf ihren alten Standplatz zurückkehren.

Ausstattung:
Die drei Steinfiguren aus dem 18. Jahrhundert stammen wohl aus der barocken Gartenanlage um die Sala terrena: Philosoph und Landmann wurden von dem Bildhauer Johann Georg Auwera geschaffen; der Torso (Neptun?) war vielleicht Teil einer Brunnenanlage.

6.10 Die Neue Fürstenwohnung

Ab 1735, im Anschluss an den Bau der Schlosskirche, ließ Hochmeister Clemens August von Bayern den Südflügel modernisieren: Sehr viel bequemer wurde es durch den separaten Flur, sehr viel moderner und repräsentativer durch die auf einer Achse liegenden und durch eine Enfilade erschlossenen Räume. Angelehnt an das Inventar von 1809 wurde die Zimmerfolge beim letzten, 1996 abgeschlossenen Umbau durch Wiederherstellung der großen Türöffnungen, rekonstruierte Fußböden und entsprechende Möblierung und Ausstattung als Fürstenwohnung wieder als Bilderzimmer (grüne Seidenbespannung), Vorzimmer zum Audienzzimmer,

Bilderzimmer und Enfilade der „Neuen Fürstenwohnung"

Audienzzimmer (rote Samtbespannung) und Schlafzimmer (roter Seidendamast) eingerichtet.
Das Bilderzimmer, ursprünglich mit 51 Gemälden vorwiegend religiöser Themen und Landschaften, vier Spieltischchen und Sitzgelegenheiten ausgestattet, war wie das nachfolgende Vorzimmer, antichambre, ein Warteraum bei Audienzen. Andeutungsweise wird so der Eindruck der verlorenen Pracht der Ausstattung der einstigen Residenz der Hoch- und Deutschmeister wiedergegeben.
Denn weder das originale Mobiliar noch die übrigen Inventarstücke haben sich erhalten. Dennoch ist heute noch im Abschreiten der zeremonielle Weg der Audienzsuchenden durch die Raumfolge Bilderzimmer, Vorzimmer, Audienzzimmer zum Schlafzimmer nachzuerleben. Von Raum zu Raum ist auch im Deckenstuck von Franz Joseph Roth eine nuancierte Steigerung bis hin zum Schlafzimmer nachzuvollziehen. Das Ordenskreuz ist im Deckenstuck des Schlafzimmers schließlich zum prunkvollen Hochmeisterkreuz ausgebildet.

Deckenstuck in der „Neuen Fürstenwohnung" mit Drachenfiguren und Waffengehänge mit Deutschordenskreuz.

Einrichtung Bilderzimmer:
Die im Schlossinventar von 1809 aufgezählten Gemälde werden mit vergleichbaren Werken anschaulich gemacht: Giovanni Battista Beinaschi: Evangelisten Johannes und Lukas (2. Hälfte 17. Jahrhundert). Giovanni Battista Beinaschi: Apostel Petrus und Paulus (2. Hälfte 17. Jahrhundert). Antwerpener Meister: Diana und Gefährtinnen mit Jagdbeute (um 1630). Unbekannter Maler: Drei Grazien (um 1700?). Unbekannter Maler: Heiliger Hieronymus (um 1600); Peter Snyers zugeschrieben: Reitergefecht (2. Hälfte 17. Jahrhundert). Antonio Calza: Türkenschlacht (Anfang 18. Jahrhundert). Antonio Zanchi: Samson und Dalila, (um 1700). Bernardo Cavallino: Verleugnung Petri, (1. Hälfte 17. Jahrhundert). Johann Loth (Werkstatt): Sebastian (2. Hälfte 17. Jahrhundert). Venezianisch: Heilige

Familie, Hieronymus, Tobias mit Engel (16. Jahrhundert). Venezianisch: Christus und die Ehebrecherin (2. Hälfte 16. Jahrhundert). Palma Giovane zugeschrieben: Belagerung einer Stadt (in zwei Teilen), (um 1600). Philipp Peter Roos: Ziegenhirte (2. Hälfte 17. Jahrhundert). Caspar de Crayer zugeschrieben: Anbetung der Hirten (2. Hälfte 17. Jahrhundert). Philipp Peter Roos: Italienische Gebirgslandschaft mit Vieh (2. Hälfte 17. Jahrhundert). Giovanni Antonio Pellegrini: Segnender Gottvater in den Wolken (1. Hälfte 18. Jahrhundert). Heinrich Mosler-Pallenberg: Apostelkopf, Kopie nach Rubens (1885). Alte Kopie nach Raffael: Madonna mit Kind und Johannesknaben (18. Jahrhundert?). Johann Heinrich Tischbein d.Ä.: Selene und Endymion (um 1750)

Mobiliar: Kanapee und drei Armlehnsessel (um 1900). Historistische Sitzgarnitur mit neoklassizistischem Schnitzwerk (um 1900). Zwei Spieltische, (2. Hälfte 18. Jahrhundert). Zwei Konsoltische (Anfang 19. Jahrhundert). Gusseiserner Ofen, deutsch (Ende 18. Jahrhundert). Ringwulstofen mit bekrönendem Pinienzapfen, seit 1970 als Geschenk des Prinzen Constantin zu Hohenlohe-Langenburg, Weikersheim, im Schloss.

Vorzimmer

In Mergentheim war die Enfilade relativ kurz, man beschränkte sich auf nur ein Vorzimmer. War der Besucher in der sogenannten Antichambre angelangt, rückte die gewünschte Audienz schon näher. Bemerkenswert ist hier der geheime Gang, der sich hinter der Nordtüre verbirgt. Von hier aus gelangte der Fürst ungesehen bis in die Sala terrena oder in den Garten beziehungsweise über den hölzernen Verbindungsgang bis ins Kapuzinerkloster (vergleiche das Schlossmodell um 1800). Das Vorzimmer war einst mit Tapisserien ausgestattet, deren Aussehen wir nicht kennen. Es ist daher heute in neutralem Farbton rekonstruiert. Auffällig ist die Tierwelt des Deckenstucks: phantasievolle Drachen, Störche, Reiher, fremdartige Kakadus und exotische Vögel. Die Puttenköpfe in den Eckzwickeln symbolisieren im Kopfschmuck die vier Jahreszeiten: der Frühling mit duftigen Blumen, der Sommer mit Blumen und

„Neue Fürstenwohnung": Vorzimmer zum Audienzzimmer.

Getreideähren und der mit Trauben geschmückte Herbst. Die Figur des Winters im Nordosten ist verloren. Sie wurde durch eine Kopie des Sommers ersetzt. In die rekonstruierte Ofennische wurde ein gusseiserner Hinterladerofen eingestellt, der von außen vom Gang aus beheizt wurde.

Ausstattung:
In der Art von Van Dyck: Junger Mann in Rüstung (17. Jahrhundert?). Tabernakelschrank: süddeutsch, intarsiert mit Beineinlagen und Eichenholzbandwerk (Mitte 18. Jahrhundert). Kanapee (um 1900). Vier Stühle (2. Hälfte 18. Jahrhundert). Fünf Armlehnsessel (1. Hälfte 19. Jahrhundert). Halbrunder Konsoltisch mit Marmorplatte (um 1770/80). Tischuhr: massives Messinguhrwerk mit 4/4 Schlagwerk auf zwei Glocken mit Repetition. Auffällige Inschrift auf dem Zifferblatt „Baumgartinger à Mergentheim" steht für Johann Erasmus Baumgartinger (*1748), der ab 1776 in Mergentheim als Hofuhrmacher nachweisbar ist (Ende 18. Jahrhundert). Spiegel (um 1900).

Audienzzimmer

Am End- und Höhepunkt der Enfilade, im Audienzzimmer, stand der Thron auf einem Podest unter einem Baldachin aus rotem Samt. Er wurde 1985 nach einem Vorbild in der Würzburger Residenz rekonstruiert. Der Hochmeister empfing hier seine Gäste und Bittsteller oder hörte den Vortrag seiner Hofbeamten an. Da die meisten Besucher nach der Hofetikette ohnehin stehen mussten, wenn der Fürst saß, gab es laut Inventar im Raum nur einige Sessel für ranghohe Personen.

An der Stuckdecke sind die kleinen Drachen besonders bemerkenswert, die rechts und links von den Kartuschen sitzen und sehr unterschiedlich gestaltet sind. Ähnliche Drachen finden sich nebenan im Vorzimmer und auch an den Stuckdecken Josef Roths auf der Kapfenburg. Wie von einem Rahmen umgeben hängen Wappenschild, Pfeile im Köcher und Speere zwischen Kartuschen über den beiden Seitenwänden; die Stirnwand über dem Thron schmückt ein Fürstenhut mit Szepter und Befehlsstab.

Ausstattung:
Drei Wandspiegel (um 1780): möglicherweise Teil der ursprünglichen Schlossausstattung. Bei der Restaurierung fand sich ein Zettel mit der Jahreszahl 1812. Zwei kleine Kommoden mit Messingbeschlägen (um 1780). Zwei große Kommoden mit vergoldeten Bronzebeschlägen (um 1780). Armlehnsessel: stellvertretend für den verlorenen Thronsessel, dessen Aussehen nicht überliefert ist. (Italien, Mitte 18. Jahrhundert).

Schlafzimmer

Im Schlafzimmer hielten die Fürsten des 18. Jahrhunderts die Zeremonie des „Lever" und des „Coucher" ab, das heißt Aufstehen und Zubettgehen im Beisein des Hofstaates mit gleichzeitiger Audienz. Hierzu waren auch hohe Gäste zugelassen, das Paradebett fungierte quasi als Thron. Wenngleich dies nach den Quellen bei den Hochmeistern wohl nicht praktiziert wurde, ist doch das Schlafzimmer auch im Mergentheimer Schloss in der Raumfolge höchstrangig ausgestattet.

Laut Inventar stand hier ein Bett mit Baldachin und Vorhängen, die ebenso wie die Wandbespannung aus rotem Damast waren. An den Nebenräumen – Frisierkabinett, Garderobe, Bedientenzimmer – vorbei gab es zudem einen bequemen, nicht öffentlichen Zugang zur Schlosskirche.

Die Mitte der prächtigen Stuckdecke mit symmetrisch angeordneten Rocaillen nimmt ein mächtiges Hochmeisterkreuz ein. Der Wappenschild mit dem Reichsadler ist gut zu erkennen, erst auf den zweiten Blick dagegen die Lilienszepter in den Blattstuckierungen.

Einrichtung:
George Desmarées: Kurfürst Clemens August als Hochmeister des Deutschen Ordens (um 1746). Drei Armlehnsessel (Mitte 18. Jahrhundert). Pultschreibtisch mit Hochmeisterkreuz (Mitte 18. Jahrhundert). Mit hoher Wahrscheinlichkeit ein Inventarstück des Schlosses Mergentheim, gefertigt wohl für Hochmeister Clemens August von Bayern. Kommode, bombiert (um 1750/60). Konsoltisch mit Masquerons und Klauenfüßen, (Franken, um 1740). Spiegel (um 1750) – Livrée des Deutschordenslakaien Alois (Anfang 19. Jahrhundert). Name des Trägers auf der Innenseite der gut erhaltenen Jacke überliefert; sogar die Knöpfe sind mit dem Deutschordenskreuz versehen.

Porträt des Hochmeisters Clemens August von Bayern von George Desmarées, um 1746.

Schreibtisch mit intarsiertem Hochmeisterkreuz, Mitte 18. Jh.

Abt. 6.11 Neuordnung des Meistertums
Maximilian Franz, der jüngste Sohn von Kaiser Franz I. und Maria Theresia, Bruder Josephs II., erkannte als aufgeklärter Herrscher die Zeichen der Zeit und versuchte, den Orden durch innere Reformen zu stärken. Seine Verwaltungsneuordnung im zentralen Ordensgebiet war vorbildlich. 1788/89 wurde die Ballei Franken mit dem Meistertum vereint, drei Oberämter wurden gebildet, in denen man auch das Justizwesen, die Schulbildung und die Seelsorge entscheidend verbesserte.

Abt. 6.12 Das Ende des Ordens im Rheinbund
Durch die französischen Revolutionskriege verlor der Orden nicht nur seine linksrheinischen Besitzungen, auch das übrige Territorium war bedroht. Der erfolgreiche Feldherr Karl Ludwig von Österreich, der auch für drei Jahre Hochmeister gewesen war (reg. 1801 –

1804), trug zwar zur Niederlage Napoleons in der Schlacht von Aspern bei; doch war dieser Erfolg nicht von Dauer, denn 1809 in der Schlacht bei Wagram siegte Frankreich schließlich entscheidend. Auch das Ordensgebiet an der Tauber war damit für den Orden verloren gegangen. Der Ordensbesitz wurde durch Napoleon auf die neu gegründeten Staaten verteilt, das Gebiet um Mergentheim war von 1805 bis 1809 als Fürstentum Mergentheim dem österreichischen Kaiser zugeordnet, bevor es 1809 dem Königreich Württemberg zugesprochen wurde. Gegen die ersten Truppenaufstellungen wehrte man sich in Mergentheim im Juni 1809 kräftig – der Aufstand wurde blutig niedergeschlagen. Neuer Ordenssitz wurde die Landkommende in Wien. Der Hochmeistersitz und damit die Ordenszentrale befindet sich dort bis heute.

Abt. 6.13 Der Kapitelsaal
Für die Ausstattung des Raumes berief man 1776 den Ordensbaumeister der Ballei Elsass-Burgund, Franz Anton Bagnato. Die Dekoration mit den martialisch anmutenden Kanonenrohren als Säulenrahmung unter dem Hochmeisterkreuz beziehungsweise dem einfachen Deutschordenskreuz und schweren Waffengehängen ist bewusst gewählt, um den Machtanspruch des schon geschwächten Ordens zu betonen beziehungsweise zu beschwören. Pauken und Trompeten, Fackeln und Liktorenbündel künden von der Macht des Ordens; erbeutete Waffen, Lanzen, Keulen und Pfeilköcher zeugen von Kampf und Sieg über die Ungläubigen. Mit einer Folge von antiken Kaiserporträts wird versucht, die Tradition des Deutschen Ordens ideell an die Antike anzuknüpfen. Krönend steht über einem Hermelinvorhang das Hochmeisterwappen mit der goldenen Lilie, flankiert von der Ruhmesgöttin Fama mit Posaune und vom Gott Chronos, der als Symbol der Ewigkeit einen Schlangenring hochhält, gegenüber das einfache Deutschordenskreuz. Flach stuckierte Siegestrophäen von Augustin Bossi schmücken die Wand. Verknüpft mit Erdteilallegorien – Schilde mit Elefant für Asien, Kamel für Afrika, Krokodil für Amerika und Medusenhaupt für Europa – rahmen sie die Ordenskreuze.

Jean Pierre Sauvage, Porträt des Hochmeisters Karl Alexander von Lothringen im Kapitelsaal, 1776.

Die Funktion des Kapitelsaals als Tagungsraum des Generalkapitels wird in der nachgestellten Sitzordnung von 1791 anschaulich gemacht. Am großen Tisch tagten der Hochmeister, Serenissimus, und die Landkomture der Balleien, deren Plätze deutlich

Detail eines Lüsters im Kapitelsaal

bezeichnet sind. Sogar die reformierte Ballei Utrecht hat noch ihren offiziellen, wenngleich nicht wahrgenommenen Sitz im Ordensverbund. Die Ratsgebietiger saßen rechts und links, der Schreiber etwas abseits.

Kapitelsaal

Ausstattung:
Als Stuckatoren waren Mitglieder der Werkstatt Bossi aus Würzburg tätig, insbesondere Augustin Bossi. Die Deckendekoration stammt vom Wiener Maler Probst. Bilderrahmen und Türen wurden von Johann Georg Auwera (1777/78) geschnitzt. Die beiden in die Wand eingelassenen Gemälde ließ man 1776 von Jean Pierre Sauvage aus Brüssel fertigen. Sie zeigen Hochmeister Karl Alexander von Lothringen, den Bauherr des neuen Kapitelsaals, an der Wand gegenüber das Porträt seines Neffen, Koadjutors und Nachfolgers Maximilian Franz von Österreich. Der klassizistische Armlehnsessel von Johann Peter Wagner steht stellvertretend für die nach seinen Entwürfen um 1780 ursprünglich in Weiß und Gold und „alle greck", also im antikisierenden Stil, gehaltene Bestuhlung des Saales. Die 24 Stühle der Zeit um 1790 stammen aus Schloss Ludwigsburg; die beiden großen Lüster (um 1835) aus Schloss Rosenstein in Stuttgart.

Abt. 7.1 und 7.2 Von 1809 bis heute

Der auf die Länder des Kaisertums Österreich beschränkte und nur noch katholische Orden nannte sich „Deutscher Ritterorden". Seine Erneuerung im 19. und 20. Jahrhundert wird im letzten Abschnitt des Rundgangs dokumentiert. Dabei sind die Bereiche der Seelsorge, des Hospital- und Sanitätsdiensts besonders wichtig.
Mit der Wiederbelebung des Schwesternzweiges und der Konventspriester in den Ländern der Donau-

monarchie durch Pater Peter Riegler besann sich der Orden auf seine Wurzeln als geistliche und karitative Gemeinschaft. Der seit 1923 rein klerikale Orden unter Leitung eines Ordenspriesters als Hochmeister knüpfte damit wieder an seine Ursprünge als Hospitalorden an. In den Ritterzweig wurde niemand mehr aufgenommen. Nach Verfolgungen durch die faschistischen Diktaturen in Deutschland, Österreich und Italien begann der Neuaufbau des Ordens nach dem Zweiten Weltkrieg. Heute ist der Deutsche Orden in Belgien, Deutschland, Italien, Österreich, in der Slowakei, in Slowenien und in Tschechien in Pfarreien, Krankenhäusern, Kindergärten, Altenheimen und Schulen tätig. 1996 wirkten 273 Schwestern und 91 Brüder in 77 Niederlassungen; zudem unterstützen und tragen die 651 Mitglieder des Ordenszweiges der Familiaren (Laien und Priester) die Werke und Einrichtungen des Ordens. Daneben gibt es in den Niederlanden die eigenständige Ballei Utrecht, seit 1815 königlicher Hausorden. Die Mit-

Prunksattel und Pferdegeschirr des Hochmeisters Anton Victor von Österreich, 1. Drittel 19.Jh.

glieder müssen adliger Herkunft, Niederländer und Kalvinisten sein; sie sind karitativ tätig.

Ehrenritter des Deutschen Ordens in voller Montur, 1869/74.

7.3 Die Rekonstruktion der Marienburg

Im 19. Jahrhundert wurde im Zuge preußisch-deutschnationaler Gesinnung nicht nur der Kölner Dom als vaterländisches Baudenkmal angesehen und rekonstruierend vollendet, sondern auch die Marienburg, Ordenszentrale und Hochmeistersitz von 1309 – 1457, im damaligen Westpreußen. Die preußischen Architekten Karl Friedrich Schinkel und Friedrich Gilly waren im 19. Jahrhundert glühende Verfechter dieser Ideen, die auch von König Friedrich Wilhelm IV. unterstützt und gefördert wurden. Weitgehend in dieser historistischen Gestalt wurde die

Marienburg nach den Zerstörungen des Zweiten Weltkriegs wieder errichtet.

7.4 Kreuz und Orden als Symbol
Friedrich Wilhelm III., König von Preußen, stiftete 1813 nach den Befreiungskriegen das Eiserne Kreuz als Kriegsauszeichnung. Für den Entwurf dieses Ordens griff der Architekt Karl Friedrich Schinkel bewusst auf das Deutschordenskreuz und damit auf die historischen Wurzeln der Preußen zurück. In verschiedenen Abwandlungen wurde das Eiserne Kreuz weiterverwendet, und noch heute dient es als Erkennnungszeichen der Bundeswehr. Auch in Polen taucht das Ordenskreuz – wenn auch unter negativem Vorzeichen – in militärischen Dekorationen nach 1919 nochmals auf.

Der Teil der preußischen Geschichtsschreibung, der das Königreich Preußen direkt auf den mittelalterlichen „Deutschordensstaat" zurückführte und zum deutschnationalen Vorbild erhob, trug zu einem verzerrten Bild des Deutschen Ordens in der Öffentlichkeit bei. Mit der Gleichsetzung der Verdienste des Ordens bei der Ostsiedlung und der Politik Preußens im 19. Jahrhundert im östlichen Mitteleuropa erwies man der Ordensgeschichte keinen guten Dienst, noch weniger in den polnisch-deutschen Beziehungen. Letztlich erst seit dem Einsatz polnisch-deutscher Geschichtskommissionen 1972 und der Gründung der Internationalen Historischen Kommission zur Erforschung des Deutschen Ordens 1985 sowie seit der politischen Wende von 1989 wird dieses Bild korrigiert. Das Deutschordensmuseum Bad Mergentheim möchte hierzu einen Beitrag leisten.

Hochmeister Maximilian Joseph von Österreich-Este, um 1850

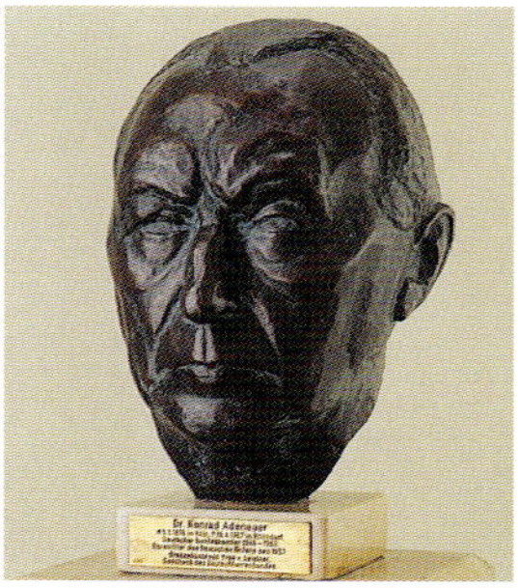

Äußerst selten wurden im 20. Jh. Ehrenritter in den Orden aufgenommen; der bekannteste ist sicher Konrad Adenauer. Bronzebüste von Ysra von Leistner

Der Deutsche Orden heute: Deutschordensschwester im Bad Mergentheimer Caritas-Krankenhaus.

Verdienstkreuz für Frauen und Jungfrauen, Preußen 1871. Geht auf den Entwurf von Karl Friedrich Schinkel für das Eiserne Kreuz von 1813 zurück, der wiederum auf das Tatzenkreuz des Deutschen Ordens Bezug nimmt.

AUSGEWÄHLTE LITERATUR

Klaiber, Hans. Das Hoch- und Deutschmeisterschloss zu Mergentheim, in: Münchner Jahrbuch der Bildenden Kunst, 1912, 4-27.

Demel, Bernhard. Das Priesterseminar des Deutschen Ordens zu Mergentheim, Bonn/Bad Godesberg 1972 (= Quellen und Studien des Deutschen Ordens, Bd. 12).

Diehm, Franz. Geschichte der Stadt Bad Mergentheim. Äußeres Schicksal und innere Verhältnisse, Bad Mergentheim 1963.

Hofmann, Hanns-Hubert. Der Staat des Deutschmeisters, München 1964.

Raupp, Emil. Die Bautätigkeit des Deutschen Ordens in seiner ehemaligen Residenzstadt Mergentheim, Diss. Stuttgart 1946, Würzburg 1975 (= Mainfränkische Studien, Bd. 9).

Ausstellungskatalog Baukunst und Bauhandwerk des Deutschen Ordens in Südwestdeutschland im 18. Jahrhundert, Staatsarchiv Ludwigsburg 1981.

Ausstellungskatalog Baupläne des Deutschen Ordens von Mergentheim und Umgebung. Deutschordensmuseum Bad Mergentheim 1982.

Hotz, Joachim. Der Deutsche Orden als Bauherr in Franken, in: Jahrbuch für fränkische Landesforschung 45, 1985, 189-196.

Gubler, Hans Martin. Johann Caspar Bagnato 1696-1757 und das Bauwesen des Deutschen Ordens in der Ballei Elsass-Burgund im 18. Jahrhundert, Sigmaringen 1985.

Menth, Georg. Die Bildhauerfamilie Auwera in Aub, Wolfratshausen 1987.

Paravicini, Werner. Die Preußenreisen des Europäischen Adels, Teil 1, Sigmaringen 1989, Teil 2, Sigmaringen 1995.

Weiß, Dieter J. Die Geschichte der Deutschordensballei Franken im Mittelalter, Neustadt/Aisch 1991.

Tumler, Marian und Arnold, Udo. Der Deutsche Orden. Von seinem Ursprung bis zur Gegenwart, Bad Münstereifel [5]1992.

Riley-Smith, Jonathan (Hg.). Großer Bildatlas der Kreuzzüge, Freiburg u. a. 1992.

Trenschel, Hans-Peter. Deutschordensschloss Bad Mergentheim mit Schlosskirche und Deutschordensmuseum, Regensburg 1993.

Eduard Mörikes Haushaltungsbuch (Faksimile), Bad Mergentheim 1994 (= Verein Deutschordensmuseum Bad Mergentheim e.V. Jahrbuch 2).

Hochschloss Bad Mergentheim. Sanierung und Umbau zum Deutschordensmuseum, Heilbronn 1996.

Trenschel, Hans-Peter. Evang. Schlosskirche Bad Mergentheim. Ehem. Hofkirche des Deutschen Ordens, Regensburg 1998.

Die Hochmeister des Deutschen Ordens

(nach Tumler/Arnold)

1. Hospitalbruderschaft

Residenz Akkon (- circa 1230?)

1190	Sibrand
1192	Gerard
1193/1194	Heinrich, prior
1195	Ulrich
1196	Heinrich, praeceptor (wahrscheinlich identisch mit Heinrich Walpot)

2. Ritterorden

1198-1200	Heinrich von Walpot
1200-1208	Otto von Kerpen
1208-1209	Heinrich von Tunna gen. Bart
1209-1239	Hermann von Salza

Residenz Montfort (circa 1230?-1271)

1239-1240	Konrad von Thüringen
1240-1244	Gerhard von Malberg
1244-1249	Heinrich von Hohenlohe
1249-1252	Gunther von Wüllersleben
1252-1256	Poppo von Osterna
1256-1273	Anno von Sangershausen

Residenz Akkon (1271-1291)

1273-1282	Hartmann von Heldrungen
1282-1290	Burchard von Schwanden

Residenz Venedig (1291-1309)

1291-1296	Konrad von Feuchtwangen
1297-1303	Gottfried von Hohenlohe
1303-1311	Siegfried von Feuchtwangen

Residenz Marienburg (1309-1457)

1311-1324	Karl von Trier
1324-1330	Werner von Orseln
1331-1335	Luther von Braunschweig
1335-1341	Dietrich von Altenburg
1342-1345	Ludolf König
1345-1351	Heinrich Dusemer
1352-1382	Winrich von Kniprode
1382-1390	Konrad Zöllner von Rotenstein
1391-1393	Konrad von Wallenrode
1393-1407	Konrad von Jungingen
1407-1410	Ulrich von Jungingen
1410-1413	Heinrich von Plauen
1414-1422	Michael Küchmeister
1422-1441	Paul von Rusdorf
1441-1449	Konrad von Ellrichshausen

Residenz Königsberg (1457-1525)

1450-1467	Ludwig von Ellrichshausen
1469-1470	Heinrich Reuß von Plauen
1470-1477	Heinrich Reffle von Richtenberg
1477-1489	Martin Truchseß von Wetzhausen
1489-1497	Johann von Tiefen
1498-1510	Friedrich von Sachsen
1511-1525	Albrecht von Brandenburg-Ansbach

Residenz Mergentheim (1525-1809)

1527-1543	Walter von Cronberg
1543-1566	Wolfgang Schutzbar gen. Milchling
1566-1572	Georg Hund von Wenckheim
1572-1590/1595	Heinrich von Bobenhausen
1590/1595-1618	Maximilian von Österreich
1619-1624	Karl von Österreich
1625-1627	Johann Eustach von Westernach
1627-1641	Johann Kaspar von Stadion
1641-1662	Leopold Wilhelm von Österreich
1662-1664	Karl Joseph von Österreich
1664-1684	Johann Kaspar von Ampringen
1684-1694	Ludwig Anton von Pfalz-Neuburg
1694-1732	Franz Ludwig von Pfalz-Neuburg
1732-1761	Clemens August von Bayern
1761-1780	Karl Alexander von Lothringen
1780-1801	Maximilian Franz von Österreich
1801-1804	Karl Ludwig von Österreich

Residenz Wien (ab 1809)

1804-1835	Anton Victor von Österreich
1835-1863	Maximilian Joseph von Österreich-Este
1863-1894	Wilhelm von Österreich
1894-1923	Eugen von Österreich

3. Klerikaler Orden

1923-1933	Dr. h. c. Norbert Klein
1933-1936	Paul Heider
1936-1948	Robert Schälzky
1948-1970	Dr. Marian Tumler
1970-1988	Ildefons Pauler
seit 1988	Dr. Arnold Wieland

Bauphasen

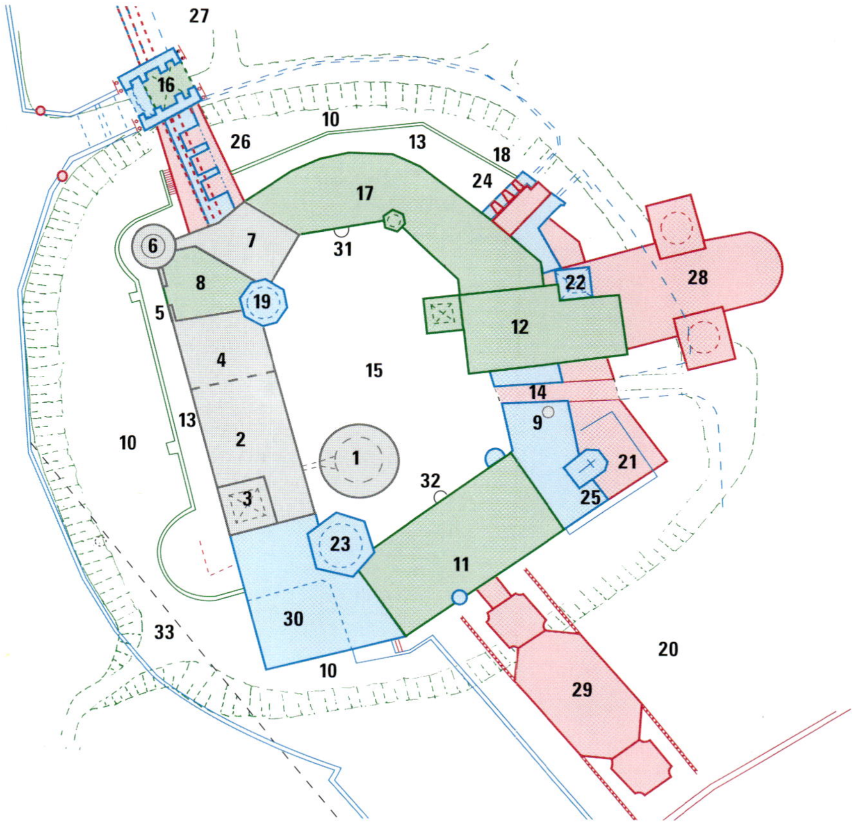

Ende 11. Jh. – Frühe Romanik

1 Bergfried 9.–10. Jh., mit Übergang
2 Erster Steinbau 10.–11. Jh.
3 Turm mit Hauskapelle?
4 Erweiterung
5 Burgtor
6 Wehrturm
7 Erweiterung
8 Burginnenhof
9 Brunnen

Um 1250 – Gotik

Ausbau zur Wasserburg nach 1169, Deutschordens-Kommende

2, 4 Kapitelbau, 1289
3 Bläserturm
8 Erweiterung
10 Burggraben ab 1169
11 Pallas-Gebäude, um 1250
12 Hofkirche 1252/55
13 Zwinger
14 Zugang
15 Burghof
16 Torturm?
17 Erweiterung

1526–1626 – Renaissance

Umbau zur Deutschordens-Residenz Der Burgring wird geschlossen, die Geschossebenen werden angeglichen

1 Bergfried abgebrochen 1531
2, 4 Kapitelsaal im oberen Geschoss
3 Bläserturm-Erhöhung 1545
11 Neue Fürstengemächer 1589
Großer Neuer Bau 1588
Gewölbekeller 1584
7, 8 Umbau ab 1571
16 Hauptportal 1626
„Commenthurthurm“
17 Umbau ab 1571
18 Burggraben verfüllt?
19 Berwarth-Treppe 1574
20 Ziergarten
21 Maximilian-Altane
22 Turm 1580
23 Treppenhaus 1586
24 Inneres Torhaus 1586
25 Kapelle 1599
26 Wehr- und Übergang – Dansker?
27 Außenhof

Ab 1626 – Barock

Umbau zum Schloss, Neubau Schlosskirche und Sala Terrenna

10 Schlossgraben
11 „Neue“ Fürstenwohnung 3.OG 1736–1739
15 Schlosshof
17 „Alte“ Fürstenwohnung 3.OG um 1720
26 Hauptstiegenhaus 1797–1799
27 Äußerer Schlosshof
28 Schlosskirche 1730–1735
29 Sala Terrenna
30 Kapitelsaal-Erneuerung 1776–1782
31 Brunnen „v. Stadion“
32 Brunnen „v. Westernach“
33 Heutige Grabenmauer

Nach einer Rekonstruktion von Günther Deeg, Bad Mergentheim 1998

Glossar

A AHNENPROBE Nachweis über eine Anzahl adliger deutscher Vorfahren, den Adlige erbringen mussten, die als Ritter in den Orden aufgenommen werden wollten.

B BALLEI Zusammenschluss mehrerer Kommenden zu einem Verwaltungsbezirk, dem der Landkomtur vorstand, (von mittellateinisch ballivus = Verwalter).

E EHRENRITTER Äußerst selten werden besonders verdiente Personen zu Ehrenrittern ernannt, gehören zu den Familiaren.

F FAMILIAREN Man verstand darunter bereits im Mittelalter Gläubige, die sich – ohne die Gelübde abzulegen – für den Orden verwandten. 1965 nach der Approbation des Familiareninstituts durch Papst Paul VI. wieder eingeführt.

G GEBIETIGER Im Ordensland Preußen engerer Beirat mit in der Regel fünf dem Hochmeister zugeordneten Ordensoberen (Großkomtur, Oberster Marschall, Oberster Spittler, Oberster Trappier, Oberster Tressler); in der Frühzeit des Ordens waren mit dem Titel bestimmte Aufgaben verbunden.
GENERALKAPITEL Die Gebietiger bildeten das Generalkapitel, das einmal im Jahr unter Vorsitz des Hochmeisters zusammentrat. Hier wurden Bestimmungen genehmigt, Rechenschaft über die Amtsführung der Gebietiger und anderer Ordensangehöriger gegeben und verlangt, Das Generalkapitel kann den Hochmeister im äußersten Ausnahmefall absetzen.

H HOCHMEISTER Oberhaupt des Gesamtordens, der nur dem Papst unterstellt und an das Generalkapitel und den Beirat der fünf Gebietiger gebunden war. Als verbindlicher Titel seit dem Ende des 13. Jahrhunderts eingeführt. Ungefähr von 1230 bis 1525 galt der Hochmeister als Souverän des jenseits der Grenzen des Heiligen Römischen Reiches Deutscher Nation gelegenen Ordensstaates in Preußen. Seit der Verlegung der Residenz nach Wien (1809) lag die Hochmeisterwürde beständig beim Hause Habsburg. Als letzter Ritter hatte Erzherzog Eugen bis 1923 dieses Amt inne. Der Titel Hochmeister für das Oberhaupt des Deutschen Ordens wurde bis heute beibehalten.

K KAPITEL Versammlung von Ordensbrüdern zur Beratung und Beschlussfassung.
KOADJUTOR Stellvertreter und Nachfolger des Hochmeisters, der oft auch schon berechtigt war, das Hochmeisterkreuz zu tragen.
KOMMENDE Verwaltungsgebiet oder Ordenshaus, kleinster selbständiger Verwaltungsbezirk innerhalb des Deutschen Ordens.
KOMTUR Vorsteher der Kommende. Nicht mehr gebräuchliche Bezeichnung für den Befehlshaber einer Burg des Ordens.
KONVENT Gemeinschaft der zu einer Kommende gehörenden Ordensbrüder.

L LANDMEISTER Oberhaupt eines größeren geographischen Bereichs (Deutschland, Livland, Preußen).
LANDKOMTUR Vorsteher der Ballei.

O OT Abkürzung für Ordo Teutonicus, die lateinische Bezeichnung des Deutschen Ordens.

P PRIESTERBRÜDER Mitglieder des Ordens, die im Unterschied zu den Ritterbrüdern keine Waffen führten, sondern sich der Seelsorge und karitativen Aufgaben widmeten.

R RITTERBRÜDER Mitglieder des Ordens, die die Gelübde abgelegt hatten, aber kein Priesteramt innehatten.

S SCHWESTERN Bis heute gebräuchliche Bezeichnung für die weiblichen Mitglieder des Ordens nach der Wiederbelebung des bereits im Mittelalter gegründeten Instituts der Ordensschwestern.

T TOR Abkürzung für „Teutsch Ordens Ritter"
TRAPPONEI Kleider- und Waffenkammer.